U0861659

中国票据市场研究

（2021年第2辑　总第7辑）

中国票据研究中心　编

中国金融出版社

责任编辑：黄海清　白子彤
责任校对：李俊英
责任印制：程　颖

图书在版编目（CIP）数据

中国票据市场研究．2021年．第2辑／中国票据研究中心编．
—北京：中国金融出版社，2021.8

ISBN 978-7-5220-1273-5

Ⅰ．①中…　Ⅱ．①中…　Ⅲ．①票据市场—中国—文集
Ⅳ．①F832.5-53

中国版本图书馆CIP数据核字（2021）第156398号

中国票据市场研究．2021．第2辑
ZHONGGUO PIAOJU SHICHANG YANJIU．2021．DI-2 JI

出版
发行　中国金融出版社

社址　北京市丰台区益泽路2号
市场开发部　（010）66024766，63805472，63439533（传真）
网 上 书 店　www.cfph.cn
　　　　　　（010）66024766，63372837（传真）
读者服务部　（010）66070833，62568380
邮编　100071
经销　新华书店
印刷　保利达印务有限公司
尺寸　185毫米×260毫米
印张　9
字数　125千
版次　2021年8月第1版
印次　2021年8月第1次印刷
定价　49.00元
ISBN 978-7-5220-1273-5
如出现印装错误本社负责调换　联系电话（010）63263947

目　录

市场运行

2021年第一季度
票据市场运行情况

上海票据交易所

2021年第一季度，票据市场业务总量40.25万亿元，同比增长6.4%。转贴现和质押式回购加权平均利率分别为3.12%和2.16%，较上季度分别上升28个和16个基点；贴现利率为3.46%，较上季度上升31个基点。

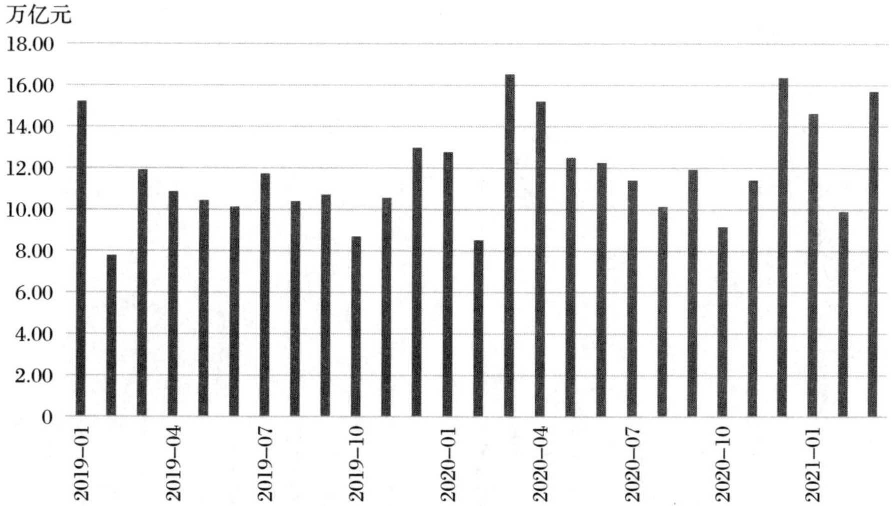

图1 2019年以来票据市场业务总量变化情况

一、票据承兑同比增长

3月末，承兑余额14.09万亿元，同比增长4.94%；第一季度承兑6.12万亿元，同比增长1.35%。其中，银票承兑5.06万亿元，同比下降3.55%，商票签发

（承兑）1.06万亿元，同比增长33.76%。

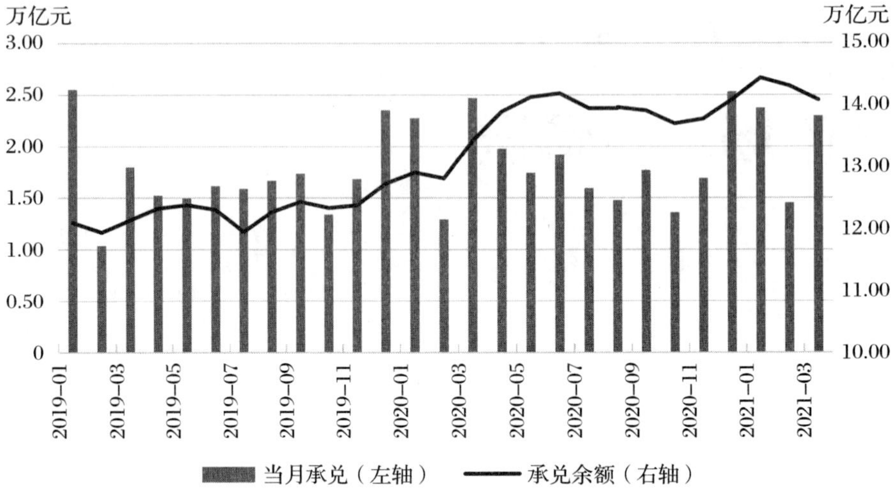

图2 2019年以来票据承兑金额变化情况

二、票据背书增长较快

第一季度，票据背书13.38万亿元，同比增长18.83%。其中，银票背书12.51万亿元，同比增长17.52%，商票背书0.88万亿元，同比增长41.14%。

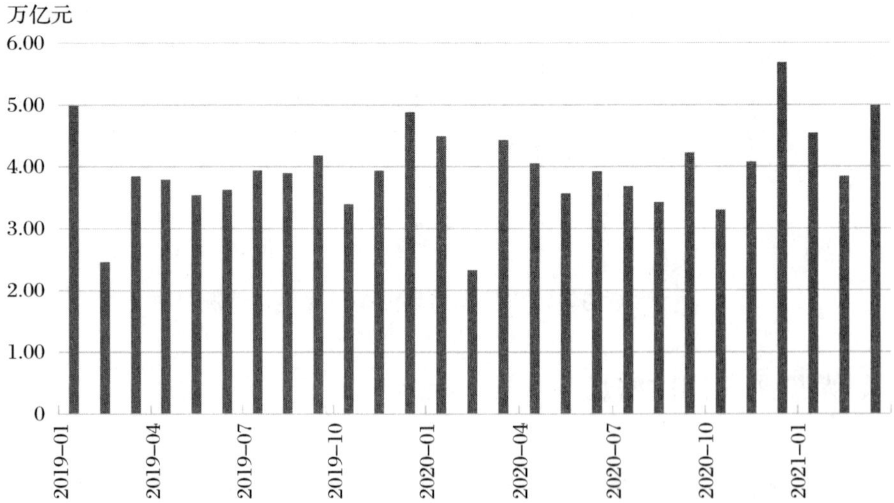

图3 2019年以来票据背书金额变化情况

三、贴现规模同比下降

3月末，贴现余额8.49万亿元，同比下降6.83%；第一季度贴现3.62万亿元，同比下降16.95%。其中，银票贴现3.24万亿元，同比下降20.33%，商票贴现0.38万亿元，同比增长30.23%。

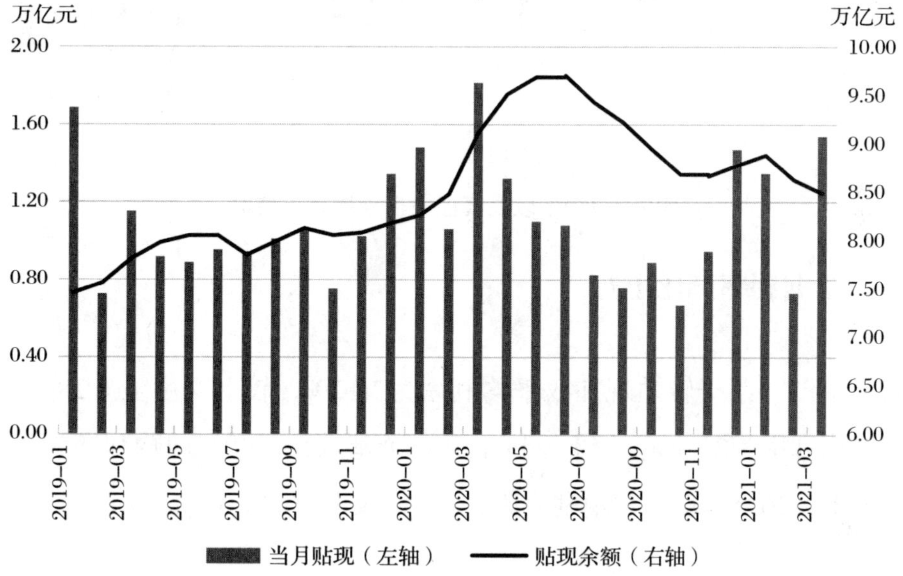

图4 2019年以来票据贴现规模变化情况

四、票据交易规模稳中有升

第一季度，票据交易金额16.71万亿元，同比增长5.7%。其中，转贴现11.21万亿元，同比下降8.15%，质押式回购5.13万亿元，同比增长43.68%，买断式回购0.37万亿元，同比增长1005.84%。

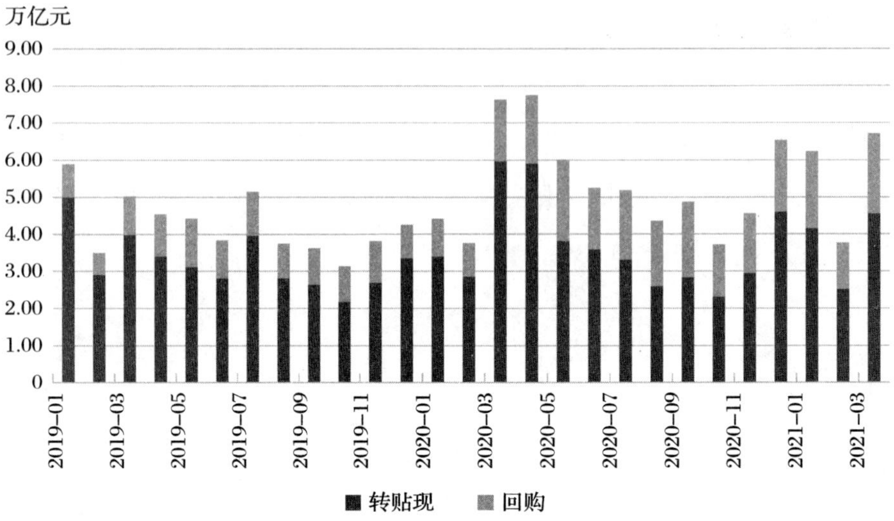

图5 2019年以来票据交易规模变化情况

五、票据利率环比上升

第一季度，票据转贴现加权平均利率为3.12%，较上季度上升28个基点；质押式回购利率为2.16%，较上季度上升16个基点；买断式回购利率为2.16%，较上季度上升26个基点；贴现利率为3.46%，较上季度上升31个基点。

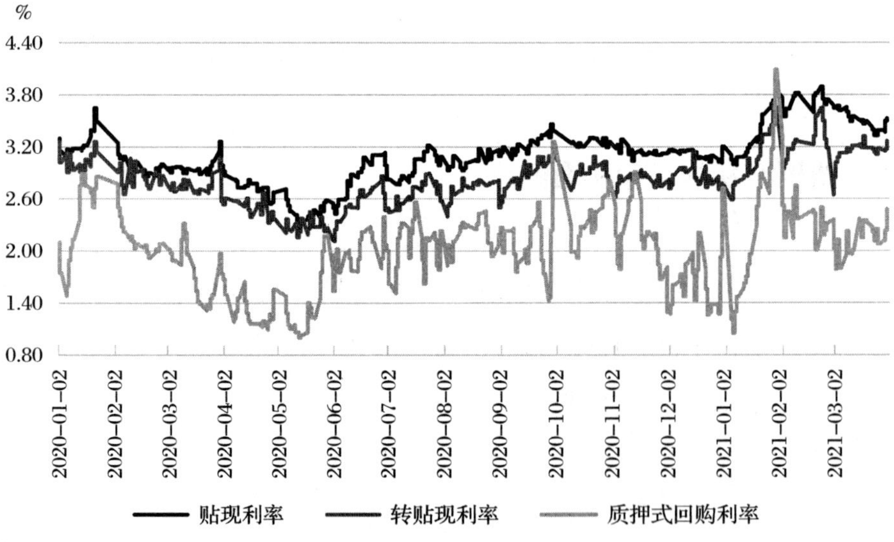

图6 2020年以来每日票据利率走势

市场研究

供应链商票业务创新发展与风险防控

汪武超　施柔薇[①]

上海票据交易所（以下简称票交所）成立以来，不断对票据市场机制、制度、系统等顶层设计和基础设施进行建设完善，推动了商业汇票（以下简称票据）全流程电子化发展。建立在商业信用基础上的商业承兑汇票（以下简称商票）作为企业应收应付账款票据化、化解企业间"三角债"的利器，未来随着商业信用信息披露机制的发展、商票兑付违约惩戒机制的完善、国务院开展央企"清欠"行动的推进、人民银行对应收账款票据化的政策推动，以及供应链票据的创新应用，其重要功能作用将越发凸显，在良好的政策和市场环境下将迎来新的发展机遇，服务整个产业链的商票供应链融资必将成为票据市场的下一个风口。

一、基于企业信用的商票市场发展现状

票交所官网披露数据显示，2020年，全国累计商票签发量3.62万亿元，同比增长19.77%。商票签发量占全部票据（银票和商票）签发量的比重为16.39%。2020年，全国累计商票贴现量1.03万亿元，同比增长9.85%，商票贴现

① 作者简介：汪武超、施柔薇，均供职于招商银行。

量占全部票据贴现量的比重为7.68%。

商票是建立在企业良好的商业信用基础上的远期结算和融资工具，其推广应用对我国实体经济和金融业发展意义重大：一是丰富企业支付手段，协调企业产供销关系；二是将企业应收账款“挂账”信用转化为票据信用，根据《票据法》保障和维护供应商（持票人）的合法权益；三是促进银行信用和企业信用有机结合，解决企业间的“三角债”问题，缓解中小企业融资难、融资贵矛盾；四是商业信用票据化发展有利于建立和完善良好的信用机制，提高社会信用程度。从国际市场成熟经验及我国票据市场发展趋势来看，随着市场经济的发展和商业信用环境的不断完善，企业通过商票进行支付、结算和融资，以及银行通过商票创新发展来拓宽盈利渠道的需求将快速增长，商票的功能作用和市场地位必将逐步提升，市场广度和深度都将得到进一步拓展。

二、商票供应链融资业务的四大特点

供应链融资，是指商业银行以产业链核心企业信用为依托，以真实的贸易背景为前提，配合第三方监管等手段，控制供应链相关环节的资金流、（货）物流和信息流，为上下游企业提供授信、结算、融资等金融产品及服务的一揽子金融解决方案。

从资金流的维度划分，常见的供应链融资模式包括应（收）付账款融资、预收货款融资、分期付款融资三种模式。商票供应链融资属于应付账款融资的一个细分领域，通常有以下四方面的特点。

（一）核心企业的高信用可迁徙至上游供应商

从实践看，商票通常由实力较强的核心企业签发，用于购货环节支付给上游供应商，并能继续在整个供应链上运用支付，供应链上的买卖双方具有长期稳定的合作关系。

商票供应链融资中，核心企业通常是出票人（承兑人、付款人），主要集中在基建、能源、医疗、交通等行业的央企、国企及其他大中型企业。在供应链关系中，核心企业签发商票后，通过背书方式向上游供应商以商票进行支付结算，同时也将核心企业的优质信用通过背书逐级传递给了上游中小供应商，若持有商票的供应商需要资金，可以向银行申请贴现（供应商自身信用）或者保贴（核心企业信用）。对于中小供应商而言，凭借核心企业较高的信用获得的贴现资金比依靠自身信用获得的银行贷款，利率要低得多，节约出来的财务成本便是核心企业高信用的价值体现。

（二）商票供应链融资是一项多方共赢的解决方案

商票供应链融资对核心企业（买方）、各级供应商（卖方）、银行（资金方）都有诸多优势作用。

对核心企业而言，一是商票能以杠杆撬动核心企业融资。实践中，核心企业签发的商票有相当一部分由供应商持有至到期，这部分商票由于未向银行贴现融资，产业链上的各企业均没有支付利息，核心企业实现了零成本融资。二是可以降低财务费用。在签发环节，商票与银票相比，无须缴纳承兑手续费；在融资环节，与贷款相比，可以获得收款人给予最长1年的延期支付信用，相当于核心企业获得一笔无抵押免息贷款。三是商票签发灵活，操作手续简便，由出票人签发并承兑，无需银行介入。四是企业主动签发商票并按时足额兑付，有助于提高企业信用评级，树立企业诚实守信的形象，同时能够增加合作方的信心。

对供应商而言，一是使买卖双方的口头承诺、挂账信用和合同约定等结算方式转为票据信用，有《票据法》作保障，能避免应收账款回笼的风险，明确的账期也有助于供应商对未来现金流的预测和管理。二是商票结算将供应商的应收账款转为应收票据，压降应收账款余额，提高资金回笼成功率和速度，可以减少坏账准备金计提金额，美化报表。三是持票供应商可以继续背书转让用于支付上游货款，比应收账款的流通性更强。四是持票供应商如果需要资金，可以自行将持有未到期的商票向银行申请，贴现手续比贷款简单，耗时更短，如能占用核心企业授信进行保贴融资，利率通常低于贷款或其他应收账款融资。

对商业银行而言，开展供应链商票贴现或保贴业务，一是能够拓宽盈利渠道，商票贴现利率通常比银票贴现或流动性贷款利率高，可获得比银票贴现和流动性贷款更可观的综合收益，卖断已贴现商票可一次性获取非利息收入。二是能够依托产业链核心企业的优质信用，实现对中小微企业的信贷投放，大力支持民营和中小微企业的融资需求的同时，并未扩大敞口风险，符合国家鼓励发展普惠金融的政策导向。三是商票实现电子化以后，系统中有海量的企业背书信息，通过大数据技术对企业背书信息的挖掘提取，能够获得产业链所有企业的关系，帮助拓展票据基础客群，拓展商业银行服务实体经济的广度和深度。

（三）真实交易背景是商票供应链融资安全的前提

还款自偿性是供应链融资最显著的特点，而自偿的根本依据就是购销贸易背后真实的交易关系。商票供应链融资中，商业银行以供应链上买卖双方的真实交易关系为基础，信任的是买方（核心企业）的优质信用和还款能力，一旦签票环节的交易背景不真实，如出现“空壳公司”签发商票、不法分子盗用其他企业资料开户并签发商票，或企业虚构交易背景签票恶意套取银行资金、关联企业虚构交易背景超兑付能力签发商票融资等情况，银行盲目给予借款人融资支持，将面临巨大的信用风险和欺诈风险。

（四）线上化、垂直化、细分化是商票供应链融资的趋势

一方面，线上化趋势在供应链融资中日益明显，尤其是电子化程度较高的商票供应链融资。传统的“1+N”供应链融资是由商业银行主导的，银行基于供应链核心企业“1”的信用，为其上下游企业“N”提供融资服务，主要采用线下模式。但随着互联网技术和金融科技的发展，这种线下模式正逐渐转为

线上模式，即利用网络和技术优势，搭建平台，优化系统，打通数据，汇集信息，对接供应链上下游的各参与方，整合供应链中的（货）物流、资金流、信息流，实现多方参与、线上操作、共享共赢的现代普惠金融模式。

另一方面，垂直化和细分化是供应链融资未来发展的必然趋势。由于每个产业的供应链模式、盈利模式、资金需求的强弱、周期都不同，将促使商票供应链融资向更垂直、细分的方向发展，如各家商业银行创新推出的医药行业、交通行业、基建行业、地产行业的商票供应链融资模式，以及针对不同大型企业提供的个性化商票融资方案，便是基于不同的行业认知和企业需求开展的垂直创新和细分经营。可见，未来只有不断深耕各自经营的一条或几条产业链，在充分了解行业属性和特征的基础上，结合自身专业能力，才能为各垂直细分供应链上的企业提供个性化融资服务。

三、商票供应链融资面临的五大发展机遇

（一）电票的安全便捷性优势激发了企业的用票热情

在纸质票据主导时期，票据的使用往往需要在各级供应商中多次背书流转，而受制于纸票没有电子系统支撑、保管难、鉴别难等本身缺陷，存在较大的操作风险和欺诈风险，如容易丢失、破损、被盗，以及被克隆、变造、伪造。使用纸票支付货款需要交付实物票据，供应商对纸票的接收和保管也较为不便，耗时耗力，无形中增加了企业的流转成本和人工成本。这些都极大地限制了票据在供应链融资中的功能发挥和业务发展。

2009年10月28日，我国电子商业汇票系统（ECDS）正式上线，票据市场开始迈向电票时代。2016年票交所的成立及其推动实现纸电票系统和规则的融合统一，标志着票据市场进入全面电子化发展的新时期。随着电子票据的普及，通过电票系统提供票据接收、登记、转发、给付、资金清算服务，极大地降低了企业用票的各类操作风险和人工成本，进而使票据在供应链金融中的接受度

和使用率大幅提升。

（二）供应链票据创新发展提供了很好的应用场景

为提高企业应收账款票据化进程，提升中小企业应收账款的周转率和融资可得性、便利核心企业信用传递至供应链末端的中小企业，票交所创新推出供应链票据平台。为企业提供供应链票据的签发、承兑、背书转让、贴现等服务，同时在平台上实现了票据可拆分，企业可便捷地实现“付多少，开多少”“贴多少，拆多少”的愿望。票据的应用场景将得到极大拓宽，企业用票意愿和需求将大幅增加，用票的便捷性也会有明显的改善。

（三）商票兑付规则的调整优化解除了持票人的后顾之忧

2016年人民银行发布的《票据交易管理办法》规定，未贴现的商票到期后，承兑人在票据到期日同意付款的，承兑人开户行应当根据承兑人账户余额情况予以处理。商票承兑人已于到期前进行付款确认的，承兑人开户行应当根据承兑人委托，于提示付款日扣划承兑人账户资金，并将相应款项划付至持票人资金账户。已贴现的商票到期后，票交所系统自动发起提示付款，由承兑人（或其代理开户行）应答，应答拒绝或应答同意但扣款失败的，系统于T+1日自动从贴现行（直贴银行）在人民银行的备付金账户扣款。这一制度的优化设计，在很大程度上消除了商票持票人尤其是二级交易市场的持票人（转贴现行）的后顾之忧，打破了商票多年来因兑付风险较大导致发展缓慢的被动局面，为商票的应用推广创造了前所未有的机遇。

（四）产业链供应链发展为深化商票发展应用提供了契机

在构建新发展格局、提升产业链现代化水平的过程中，供应链金融的发展迎来了前所未有的机会。2020年以来，山东、湖南等相继推出重磅政策措施，大力鼓励和支持产业链供应链的发展。一系列政策的出台，为我国供应链业务创新提供了很好的政策环境，在推动我国供应链金融发展的同时，也为商票、供票在供应链金融中的创新应用与推广提供了更广阔的市场空间。

（五）国务院开展“清欠”行动为商票带来了发展契机

党中央、国务院对民营和中小企业融资难、融资贵问题一贯高度重视。2018年11月9日，国务院常务会议决定开展专项行动，清理政府部门和国有大企业拖欠民营企业账款，缓解民营、中小微企业融资难题。2019年7月30日，中央政治局召开会议，提出“采取具体措施支持民营企业发展，建立长效机制解决拖欠账款问题”。2019年8月26日，中国国新控股有限责任公司联手中核集团、航天科技、中国石化等51家央企在北京发起设立商票互认联盟，成立了“企票通”平台，共同构建央企间信用合作平台，打破电子商票流通瓶颈，提供“线上+线下”的票据业务支持，推动开展“两金”压控、产业链清欠及民企清欠工作，切实解决“清欠”问题。此外，人民银行表示将通过再贴现等政策工具积极支持票据业务发展，引导信贷资金投放和精准滴灌，解决民营、中小微企业融资难、融资贵问题。上述行动部署和政策措施，为市场各方推动企业间应收应付账款票据化，推进商票业务快速发展营造了良好的环境。

四、防控商票供应链融资业务风险的四点建议

（一）完善顶层制度设计

目前，适用于票据的政策制度仍是20世纪90年代编制的《票据法》《支付结算办法》《票据管理实施办法》《商业汇票承兑、贴现与再贴现管理暂行办法》等，尽管后续金融管理部门和票交所出台了交易管理办法、业务准则及操作指引对票据市场制度体系进行了有效补充和完善，但现有票据制度体系仍存在一些制约市场发展的因素。一是建议尽快修订《票据法》等法律法规和政策制度，明确电子票据、新产品模式相关参与主体的法律关系及权利义务，引

导多类主体积极参与票据支付结算、融资、交易及票据相关中间服务，以适应票据电子化和商票供应链融资的发展趋势。二是建议制定票据失信行为管理办法和相关信息披露机制，从制度上加强对票据失信主体的惩戒和守信主体的激励，如加大对延迟付款或拒绝付款行为的处罚力度，加大商票承兑人的签发量及兑付信用信息的公开披露力度，提高商票承兑人的违约成本，促使其自觉履行债务，重视商业信用，从而降低商票兑付违约风险。

（二）建立票据信用评级体系

商票信用评级是指对票据承兑人的行业性质、企业素质、经营管理水平、财务状况、偿债能力和企业信誉等方面进行综合评价、分类分级并进行信息披露，以引导市场其他主体通过风险定价，覆盖或补偿信用风险承担的一种市场化机制。建议加强与工商、税务、征信、司法等主管部门的数据互通，并加大与第三方票据市场数据公司及拥有多类数据库的社会信用评级机构的合作，整合票据大数据和行业、企业大数据库，并采用科学的多维度分析模型建立起商票信用评级模型和机制，对票据债务人的信用价值作出综合评价，用于指导商票资产的组织和市场定价，以及商票供应链融资业务的风险管理。

（三）构建票据大数据风险监测指标体系

商票的实质风险主要是假票欺诈风险和兑付违约风险。电票时代，票据全流程生命周期的数据都沉淀在票交所系统中，而这些真实数据是监测和防控风险最重要的信息资源。首先，通过大数据分析，更容易发现企业的异常票据行为，识别和侦破不法交易和犯罪行为。其次，通过大数据分析，可以发现票据参与主体比如承兑人的历史行为特征，揭示未来面临兑付违约的概率，以便商业银行在贴现前对承兑人信用作出准确判断并合理定价。最后，通过大数据分析，可以告知银行信贷审批人，同类企业在这个行业中签发的票据是否贴近行业平均水平、支付需求是否合理、期限是否在常规交易期限内，进而为同类企业核定合理的签票额度。建议构建大数据风险监测系统，加强业务预警和监控能力建设，实时监测商票从开票到兑付全生命周期，跟踪监测商票异常交易情况，定期对失信企业及伪造票据进行披露公开，引导企业规范票据行为，从而保障商票市场和商票供应链业务平稳健康发展。

（四）商业银行加强商票业务的风险管理

商业银行是防控商票融资业务风险的核心和责任主体，要从事前、事中、事后建立起长效防控机制，切实采取有效措施堵住相关风险。在贷前调查阶段，商业银行应充分了解预授信核心企业的生产经营情况，如审查其主营业务是否突出、是否存在其他高风险投资等问题，通过征信系统了解预授信企业及其实际控制人的历史征信情况，了解核心企业与供应链上下游企业的合作情况，评估其对供应链物流、资金流、信息流的管理水平，为其核定适宜的商票融资风险敞口，确保承兑人有充足的偿付能力。同时，鉴于当前“假主体签发真商票”的风险隐患，商业银行要重点加强对公账户开立环节的欺诈风险防控，通过上门核实、账户“白名单”等管理手段，确保开户是承兑人的真实意愿。与供应链企业签署合作协议时，还应明确资金用途合法合规、业务操作流程、协议相关方的权利和义务等。在贷中用信阶段，商业银行应充分利用科技手段、发挥网点网络优势，完整实现物流、资金流、信息流的线上线下协同，监控资金流向；加强商票贴现或保贴业务的贸易背景真实性审查，融资需求真实性、合理性审查，防范企业伪造贸易背景套取银行资金。在贷后检查阶段，商业银行在关注商票融资款用途的同时，还应重点关注承兑人的资信及经营变化情况，确保其偿付能力充足。

总的来看，商票作为供应链融资中的拳头产品，是冉冉升起的新星，是站在风口上的业务。各商业银行也都认识到商票在供应链融资中的重要作用和发展机遇，开始加快推进商票供应链融资产品的创新和推广，目前已涌现出多种商票供应链融资产品和服务。但在大力推广商票供应链融资业务的同时也要看到，商票供应链融资业务风险不容忽视，建议相关部门从顶层制度完善、信用评级体系建立、大数据监测体系搭建、商业银行风险管理能力提升等方面建立长效机制，全面防范，重点突破，尤其要着力加强欺诈风险和信用风险的防范，保障商票供应链融资业务健康快速发展，从而更好地服务民营和中小微企业，服务实体经济发展。

票据促进供应链金融高质量发展的实践研究

岳　强　吴思雨　温　欣[①]

［摘　要］ 2017年以来，供应链金融得到政府、市场等部门的高度关注和大力发展。票据业务是商业银行的传统信贷板块，也是企业间贸易的主要结算和融资手段。本文阐述供应链金融发展背景并揭示其实践中存在的问题，通过产品应用、业务模式、数据分析等，论证票据业务模式发展对供应链金融高质量发展的促进作用，结合实践研究及相关风险提示对未来供应链金融发展提出相应的建议和场景设想。

［关键词］ 供应链金融　票据市场　融资模式　中小微企业

一、供应链金融发展的背景及意义

供应链金融，即对一个产业供应链中的单个企业或上下游多个企业提供全面金融服务，以促进核心企业及上下游配套企业产供销链条的稳固和流转，构筑银行、企业和商品供应链互利共存的产业链条。

① 作者简介：岳强、吴思雨、温欣，均供职于招商银行上海分行票据业务部。

在供应链金融的模式下，核心企业对其供应链进行系统性的管理并力图降低整体财务成本。上下游配套的中小微企业依托核心企业的信用优势，获取相对较低的融资成本，加快运营效率为核心企业提供高效服务。商业银行等金融机构通过与核心企业的信贷业务合作，将核心企业的优质信用输出至与其有合作的上下游中小微企业，在风险可控的前提下降低中小微企业融资门槛的准入要求，实现业务扩容。

（一）供应链金融发展的背景研究

表1　2017—2020年供应链金融相关政策文件汇总

年份	政策	核心政策理念
2017年：供应链金融首次亮相	《关于金融支持制造强国建设的指导意见》（银发〔2017〕58号）	作为供应链金融相关概念首次亮相，该意见指出应大力发展产业链金融产品和服务，鼓励金融机构依托制造业产业链核心企业，积极开展仓单质押贷款、应收账款质押贷款、票据贴现、保理、国际国内信用证等各种形式的产业链金融服务，有效满足产业链上下游企业的融资需求。
	《小微企业应收账款融资专项行动工作方案（2017—2019年）》（银发〔2017〕104号）	该方案指出，要动员国有大企业、大型民营企业等供应链核心企业支持小微企业供应商开展在线应收账款融资业务，发挥供应链核心企业引领作用。
	《关于积极推进供应链创新与应用的指导意见》（国办发〔2017〕84号）	国务院办公厅于2017年10月印发该意见，强调应推动供应链金融服务实体经济，有效防范供应链金融风险，积极稳妥发展供应链金融，对我国供应链创新发展作出全面部署。
2018年：我国供应链创新进行实操试点	《关于开展供应链创新与应用试点的通知》（商建函〔2018〕142号）	该通知强调应推动供应链核心企业与商业银行、相关企业等开展合作，创新供应链金融服务模式，发挥上海票据交易所、中征应收账款融资服务平台和动产融资统一登记公示系统等金融基础设施作用，在有效防范风险的基础上，积极稳妥开展供应链金融业务，为资金进入实体经济提供安全通道，为符合条件的中小微企业提供成本相对较低、高效快捷的金融服务，也标志着供应链金融步入实质性的推进阶段。2018年9月，根据142号文的要求，经商务部等八部门审核，最终确定了北京等55个试点城市，TCL集团股份有限公司等269家试点企业入选全国供应链创新与应用试点城市和企业。

续表

年份	政策	核心政策理念
2019年：供应链金融政策极大细化并一一落实	《关于促进中小企业健康发展的指导意见》	伴随试点城市和企业的入围，供应链金融的发展进一步下沉，各区域性政策不断细化。2019年4月7日，中共中央办公厅、国务院办公厅印发了该意见，意见整体围绕中小微企业长期存在的融资难、融资贵问题提出了具体举措，鼓励中小企业依托应收账款、供应链金融、特许经营权等进行融资。
	《中国银保监会办公厅关于推动供应链金融服务实体经济的指导意见》（银保监办发〔2019〕155号）	该意见要求，银行保险机构应依托供应链核心企业，基于核心企业与上下游链条企业之间的真实交易，整合物流、信息流、资金流等各类信息，为供应链上下游链条企业提供融资、结算、现金管理等一揽子综合金融服务。其意在进一步推动供应链金融创新，提升金融服务实体经济质效，改善小微企业、民营企业金融服务。
2020年：供应链金融纲领性文件出台，蓬勃发展	《关于进一步强化中小微企业金融服务的指导意见》（银发〔2020〕120号）	该意见提出发挥多层次资本市场融资支持作用，提升中小微企业使用商业汇票融资效率，推动供应链信息平台与商业汇票基础设施互联，加快商业汇票产品规范创新，提升中小微企业应收账款融资效率。
	《关于规范发展供应链金融　支持供应链产业链稳定循环和优化升级的意见》（银发〔2020〕226号）	226号文的出台标志着供应链金融领域拥有了首份全面性的指导文件。226号文对供应链金融内涵、发展方向、产品创新和规范、基础设施建设、政策支持体系、防范风险等进行了全面阐述和明确。该意见明确指出，发展供应链金融的一大目的就是降低企业成本，提升产业链各方价值。供应链金融的促进发展是解决当下中小微企业融资难、融资贵问题的重要手段。

2017年以来，政府等部门陆续发布多项支持供应链及供应链金融开展的相关政策、试点和规划文件。2017年，中国供应链金融相关概念首次亮相提出，国务院指导意见明确指出应积极稳妥发展供应链金融。2019年，多个政策密集出台，使供应链金融行业步入高速发展阶段。2020年，226号文的出台更是标志着供应链金融领域有了首份全面性的指导文件，发展供应链金融的一大目的就是降低企业成本，提升产业链各方价值。发展供应链金融是解决当下中小微企业融资难、融资贵问题的重要手段。

（二）供应链金融发展的意义

包括商业银行在内的金融机构在传统信贷逻辑下，无法给予在供应链中有实际融资需求但弱势的中小微企业充裕的授信额度。供应链金融的底层逻辑是基于企业之间真实的贸易关系，为上游中小微企业输出核心企业的信用优势进行融资。中小微企业的融资风险从主体维度来看是相对较高的，而且往往这些企业也难以提供符合要求的合格抵（质）押品以缓释其主体风险。引入核心企业进行供应链整体授信，实质上是核心企业为其供应链上游增信背书，将自身优质信用借由信贷产品转移给上游供应商的过程。

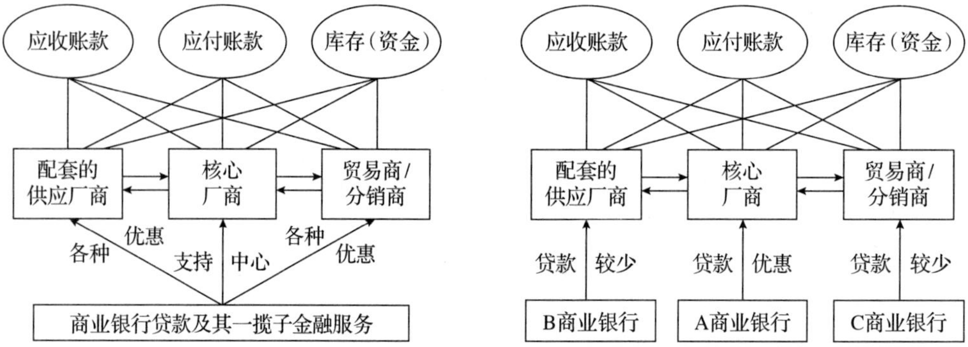

图1 供应链金融模式和传统模式下银行与供应链成员关系比较

（资料来源：刘丹，《供应链金融的作用模式及其创新》）

整体来看，竞争力强、规模较大的核心企业从贸易维度对上下游配套企业形成账期、价格等方面的压力，而上下游配套的中小微企业往往在银行的融资条件较为苛刻，使供应链出现失衡的状况。供应链金融的发展是为了促进供应链核心企业及上下游配套企业“产、供、销”链条的稳固和流转。以核心企业为中心，将供应商、制造商、分销商、零售商至终端用户作为一个整体提供金融支持即供应链金融的核心要义。

（三）供应链金融实践中存在的问题

1.信用评价体制不完善。供应链金融是基于核心企业的信用核定其授信额度，其与传统信贷逻辑最大的不同在于，供应链金融淡化了提款企业（一般为中小微企业）的准入要求，转而强调融资背后的真实贸易背景和供应链核心企业的信用水平。目前我国商业银行对于供应链整体风险把控仍处于发展阶段，供应链行业风险、主体风险等各风险指标监测和整体评估仍有待完善。

2.供应链信息存在不透明风险。供应链上下游企业的企业资源计划（ERP）系统不互通，这意味着供应链上下游企业之间的信息难以共享传递。供应链信息的不透明增加了商业银行的风控难度，这将使商业银行对于数据系统不完善的中小微企业提高授信门槛，审慎考虑对其供应链授信额度切分并适当提高对其的融资成本以控制风险。

3.法律体系仍需完善补充。供应链金融的高速发展壮大过程之中，针对供应链金融方面的法律法规，包括各环节各方的权责义务、动产抵押等相关流程规定等方面都需要制度上的完善。无论是供应链产品的革新，还是整体行业的发展都需要以相关特定法律法规为框架蓝本进行约束。

二、票据在供应链金融行业应用概况

（一）票据市场发展特征

商业汇票作为传统的金融工具有着悠久的历史，其源于买卖双方在交易时不采取现金结算，而是买方向卖方签发远期付款凭证——票据达成交易。卖方之所以能够接受票据作为支付手段，是因为票据可以通过背书流转、贴现融资等形式发挥货币作用或间接转化为货币。而票据得以被视作“类现金”的深层逻辑源于其凭证背后的底层信用。

根据上海票据交易所（以下简称票交所）公开披露数据，2020年，票据市场业务总量148.24万亿元，同比增长12.77%；市场承兑发生额22.09万亿元，同比增长8.41%；企业背书47.19万亿元，同比增长1.55%；贴现发生额13.41万亿元，同比增长7.67%；交易发生额64.09万亿元，同比增长25.81%。无论从体量还是增速来看，票据已成为企业之间贸易往来的重要结算方式。

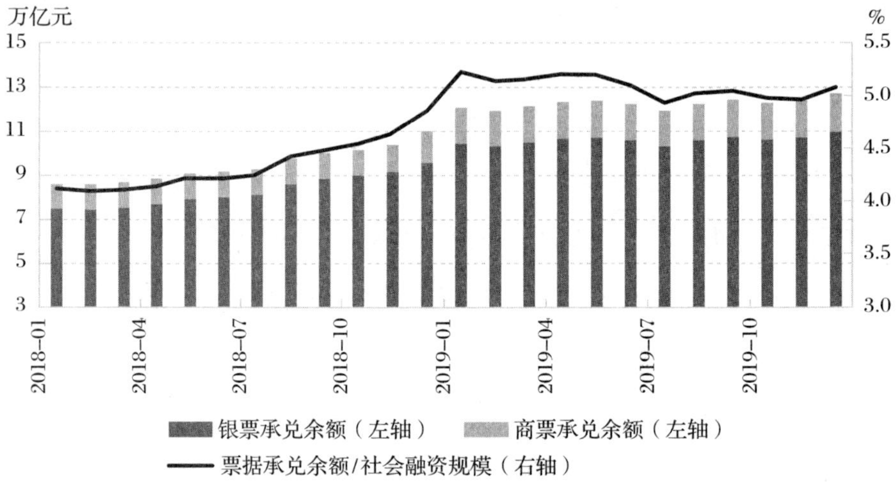

图2　票据市场历年承兑数据

（资料来源：上海票据交易所，《2020年票据市场运行情况》）

（二）票据在供应链金融中的作用

供应链贸易中最主流的交易方式包括现金、赊销与票据。赊销模式在表面上使核心企业的财务成本得以降低（赊销无须支付任何成本），但本质上资金压力并没有缓解，而是转嫁给弱势的供应链上游中小微企业。按照银行信贷逻辑，中小微企业的信用资质明显弱于核心企业，因此中小微企业为了缓解资金压力被迫融资往往需要支付比核心企业高得多的财务成本，导致整个供应链资金总成本的上升。可以看出，简单的赊销无法发挥供应链金融的优势，实际上是下游企业对上游供应商的资金挤压，无益于供应链整体融资成本的压降。赊销中资金成本的转嫁将供应链上下游置于利益的对立面，而没有发挥出供应链利益一体化的核心理念。赊销所形成的应收账款不具有票据的支付功能，不能自由转付流通。同时应收账款融资相较于票据而言融资难度较高、买方确权较难得到保障、融资成本也因竞争不像贴现业务充分故成本偏高。

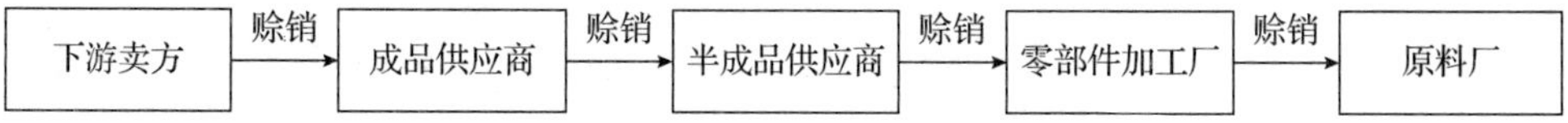

图3　供应链上下游之间的贸易关联

票据作为银行或信用流通的载体和工具，可以有效促进供应链信用体系的建设和发展。业务形式方面，票据业务主要包括承兑、贴现两个基础业务，其他创新型业务也大多建立在这两个基础业务的逻辑框架之上。票据代表的大多为银行信用（银票）或企业信用（商票），供应链上游中小微企业可以通过票据融资拓宽融资渠道。票据贴现融资对于中小微企业而言不仅准入门槛低，更是拥有国家再贴现政策的倾斜支持。商票方面，通过引导信用度高的企业以电子商业承兑汇票为应付款工具，持票人可以将电子商票在市场逐级转让支付，发挥电子货币功能，以此化解应收账款。

表2　应收账款与应收票据的对比

环节/科目	应收账款	应收票据
支付	1. 不具备支付属性 2. 债权权益	1. 支付结算工具 2. 强化了债权债务关系
流通	不能流通	1. 可以背书转让 2. 信用传递
融资	1. 辐射一级供应商 2. 买方不配合确权 3. 单笔金额准入门槛高 4. 70%~80%折扣率，可获得性低 5. 效率低，1个月以上	1. 可以辐射企业的整个链条 2. 票据可作确权 3. 单笔金额准入门槛低 4. 无折扣，可获得性高 5. 效率高，最快1天内放款

（三）票据促进供应链金融的高质量发展

供应链金融的发展离不开买卖双方的配合和第三方金融机构配套提供的融资服务。第三方金融机构如商业银行可以依据真实的贸易背景和核心企业的信用资质，发掘合适的金融产品从而提升企业供应链金融的整体运行效率。商业银行提供的供应链融资产品往往是给核心企业核定授信，再依据核心企业的供应链条贸易关系进行信用传输和额度分配。

1. 着力提升商业承兑汇票在供应链结算中的占比。商业承兑汇票（以下简称商票）是企业自主签发承兑的票据，底层信用源于企业自身。与传统赊销形成的应收账款相比，商票是更为规范的“应收账款”。商票不仅有《票据法》作为法律支撑，且其自身也具有凭证法定、账期固定、市场认可度及流动性较高等优势。

在国家政策的引导下，各家银行大力发展商票业务，商票保贴品种应运而生。商票保贴是指对符合条件的企业，为其签发并承兑的商业承兑汇票办理贴现，即给予保贴额度的授信行为。对于供应链上游中弱势的中小微企业而言，签收商票后可选择核心企业合作的商票保贴银行进行融资，或背书转让给下一手。

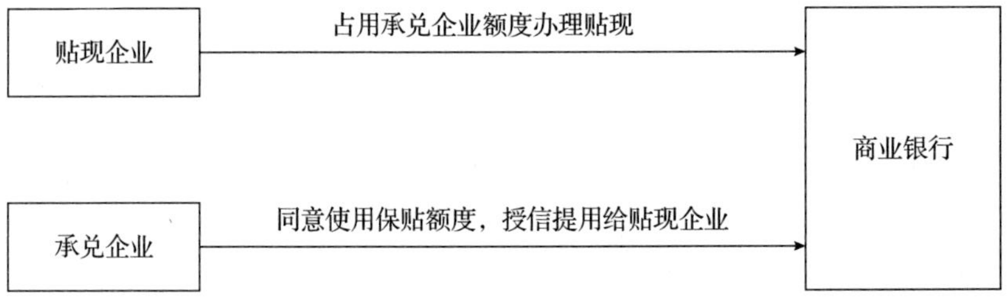

图4 商票保贴业务模式

对于供应链核心企业，商票保贴拥有如下优势：一是帮助企业充分利用银行授信，通过商票支付货款，减少流动资金压力，达到延长账期的作用；二是通过开立商票，核心企业无须承担保证金及手续费用；三是如选择卖方付息（即供应商负担成本），则商票保贴无须承兑企业支付费用，减少财务成本支出。

对于供应链上游（卖方）中小微企业而言，商票保贴能够带来如下优势：一是贴现企业无须向商业银行上报授信，不受信贷准入门槛限制；二是借力核心企业信用输出，帮助贴现企业降低融资难度、提高融资效率、节约融资成本。

整体来看，商票保贴足以解除供应链上游卖方对于商票流动性的担忧，同时基于核心企业优质信用资质的授信融资能够降低供应链综合融资成本，促进供应链金融发展。

2. 积极依托“票付通”产品促进供应链客群由点向面开展。“票付通”是票交所积极响应国家出台的供应链金融相关政策而推出的创新型平台，其运作逻辑是，买卖双方通过互联网平台（B2B电商、供应链平台）在线上达成交易后，买方通过嵌入B2B电商平台的票据支付控键选择使用“票付通”产品，线上一站式完成票据签发、背书和提交申请，同时锁定相关票据；当互联网平台确认交易完成后，票据自动解锁，卖方可以直接线上签收票据。

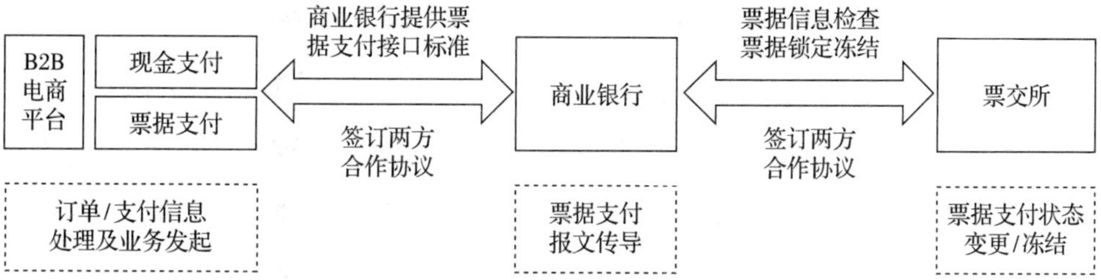

图5 票付通业务模式：“票交所+银行+电商平台”

“票付通”的底层运行运用了互联网时代下的支付逻辑，使票据得以替代货币实现端对端的直接支付。“票付通”的推出不仅使供应链条的单一发展通过平台的形式由点向面集中供应链结算客群，促进商业银行批量获取供应链客群流量，同时促使存量商票的流通，不仅让企业间的账期支付更加安全便捷，同时中小微企业以票据支付替换部分融资需求，也节约了供应链的整体融资成本，缓解了供应链中中小微企业融资难、融资贵问题。

3. 用好用活供应链票据，提升核心企业信用输出。为支持供应链金融发展，票交所于2020年4月24日开展供应链票据平台试运行，推进应收账款票据化。供应链票据平台主要依托电子商业汇票系统建设，与各类供应链金融平台对接，为企业提供电子商业汇票的签发、承兑、背书、融资、到期处理等一系列功能。

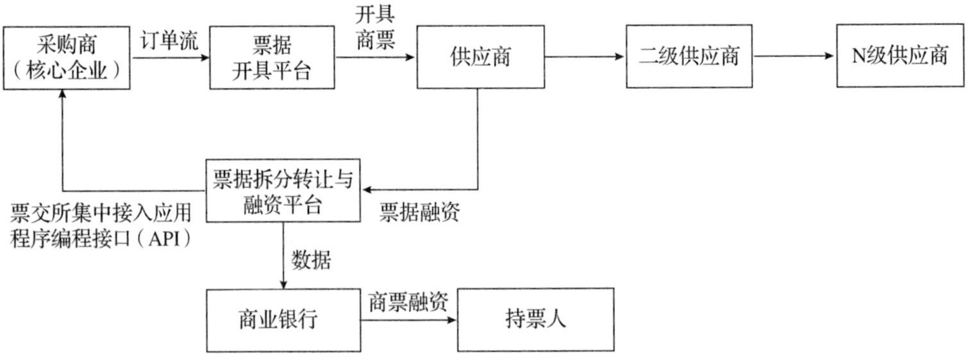

图6 供应链票据业务模式："票交所+银行+供应商"

近年来，供应链上下游赊销所积攒的应收账款严重影响弱势企业的资金周转，而供应链票据平台的推出将加速应收账款票据化的进程。供应链买方可以通过供应链票据平台直接发起票据签发、背书转让指令，为核心企业提供便利。同时，中小微企业等卖方通过供应链票据平台签收商票后，无须线下多家银行询价贴现，直接线上选择最低融资成本进行融资，方便快捷。对于第三方金融机构如商业银行而言，供应链票据的贴现占用核心企业授信额度，相当于核心大企业的信用输出、分配给供应链上游的中小微企业，能够给予持票企业相应优惠的报价。可以说，供应链票据平台为供应链上下游的应收账款转化、流动提供了极大便利。

相较于传统商票而言，供应链票据实现了等分化的签发和流转。此前，商票一直苦于不可拆分，即企业A向企业B签发某金额商票后，企业B无法将所签收的单张商票拆分为多张商票进行部分融资或背书转让，只能通过贴现或者票据池等形式盘活商票的流动性，增加了供应链的整体结算成本。供应链票据的推出将票据出票金额创新实现等分化，即企业A向企业B签发N元供应链票据，相当于N张面额为1元的票据，企业B可以将在手票据进行任意金额的背书转让或贴现融资，有效缓解和降低原先不可拆分的票据特性所导致的信用流失和成本抬升。

三、商业银行票据业务在典型行业中的产业应用分析

票据业务发展以来，商业银行基于承兑、贴现等业务模式围绕客户需求不断创新，目前产品体系已日渐成熟。针对供应链金融领域，票据业务在最大程度上传输核心企业信用优势，弱化传输之中的利益冲突和障碍，下文选取两大行业进行票据产品具体应用分析。

（一）建筑施工行业

建筑施工企业向上游采购原材料后，供应商将相应货物发送至建筑企业，建筑企业确认应付账款。由于建筑企业对上游有一定的账期，但上游中小微供应商资金短缺，因此，可以通过商票来解决上游中小微企业的资金需求。商票业务建立在建筑施工企业与供应商之间应付账款的背景下，通过将核心公司的授信额度“转移”（信用输送）给供应商的方式，实现供应商的快捷融资。商票一直以来也是建筑施工行业传统的结算手段，建筑施工行业总包商作为信用高地开立的商票在市场上的流通性也较为良好。

建筑集团在年底需落实“清欠”政策，国家层面上中央政治局和国务院就清欠小微业务和民营企业账款问题已经多次作了部署，相应供应商端融资需求也较为旺盛。建筑集团通过商票业务可以盘活自身信用，借由信用输出帮助中

小企业获得低成本的资金，从而为上游提供快捷、高效的融资。

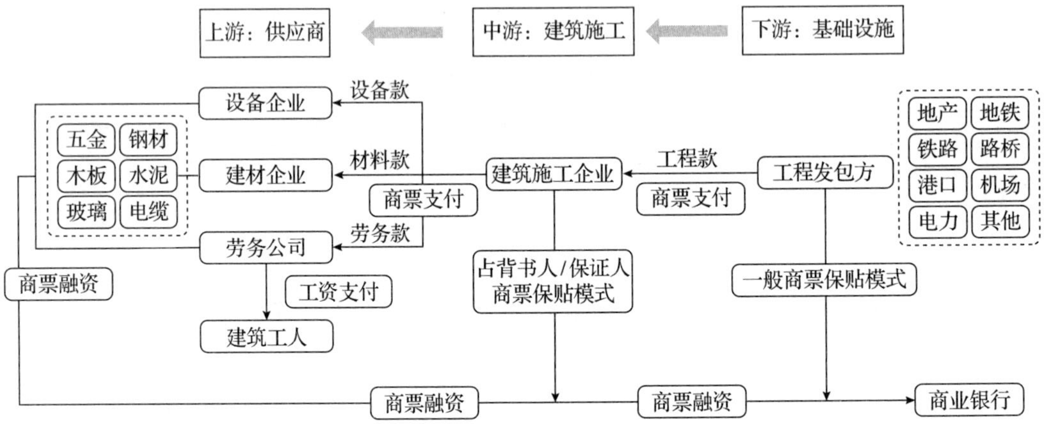

图7　建筑施工行业产业链

（二）汽车行业

汽车产业链纵深长，技术门槛高、金融属性强，需要多领域的专业协同，各方智慧和努力最终凝结在汽车这一产品上，在此过程中，汽车行业供应链将以整车集团为核心，向上游供应商、下游经销商延伸。随着汽车销量下滑，行业进入结构性调整期间，上游供应商经营性现金流趋紧，下游经销商对资金周转要求更高，以前习惯用银票结算的汽车行业逐渐向商业信用传导的商票转型。虽然汽车供应链中整车企业一直保持着绝对的强势地位，但产业整体的不景气给上游零部件供应商带来了很大的资金压力，大量增加的应收项占用了制造企业资金，上游企业存在较大的融资需求。

利用长供应链特点，商票可通过整车厂—某部件总承包商—细项原材料供应商进行流通传导，最终在各原材料供应商处可进行商票融资。商业银行可通过开展与整车厂的全面合作，依据品类特点围绕信用洼地，通过科技手段和整车厂提供的数据，全面推进商票支付流转，确保商票顺利流转到终端中小微企业信用洼地。

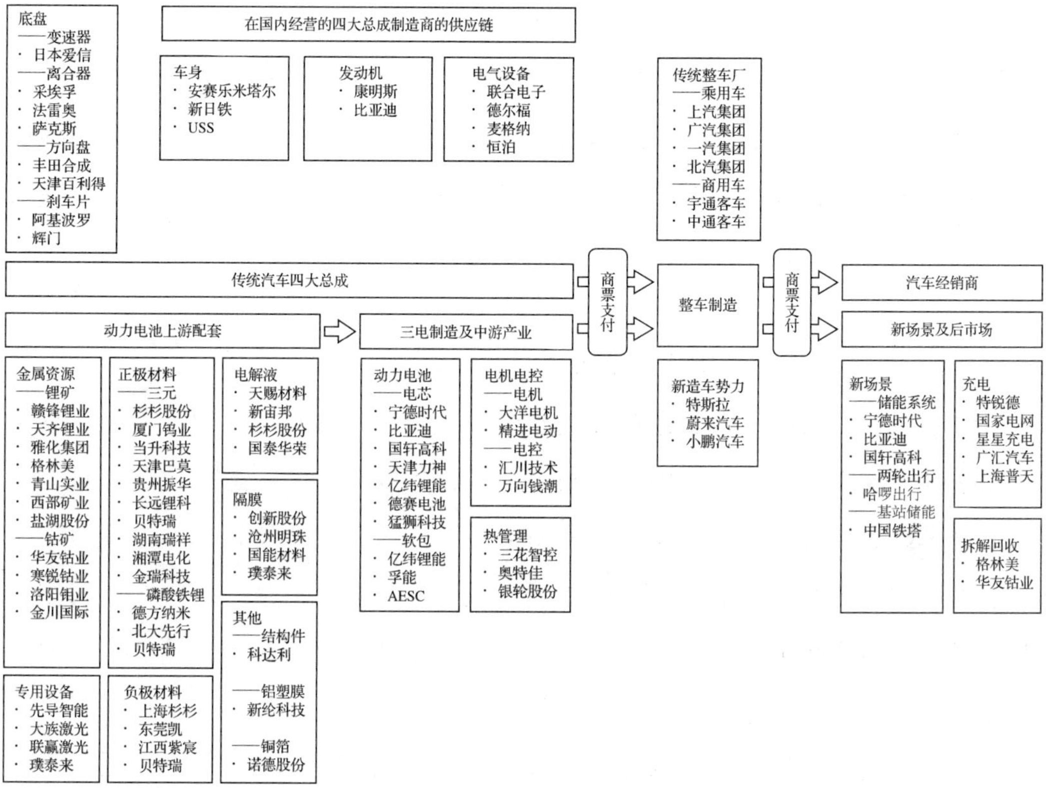

图8 汽车行业产业链

四、基于产品组合解决供应链多方实际诉求

票据作为标准化程度较高的优质资产，在一定程度上解决了供应链融资中核心企业的报表诉求和中小微企业融资难、融资贵的问题。

（一）满足核心企业解决各阶段财务指标的要求

大型国有核心企业高度关注“两金”（存货、应收账款）指标。“两金”的高低将影响大型国有核心企业公司年终现金流和工资。“两金”越多，代表企业资金周转压力越大，运行质量、盈利能力降低预期的资产价值。因各类企业的存货同质性小，且存货流动性相对应收账款较弱，因此，存货是金融工具较难解决的资产，企业多与金融机构合作降低应收账款。可以通过采取免追索商票保贴，实现持票人应收账款转化、应收票据出表。核心企业下游开立商票后，核心企业的应收账款转化为应收票据。如采取免追索商票保贴模式，核心企业可占用下游企业在商业银行的授信额度获取贴现资金，实现应收票据下表。

（二）改善中小微企业的流动性

票据贴现可以说是企业融资最快的渠道，企业能够及时获取流动性，现金流能够得到较高的保障。票据作为利率市场化程度较高的产品，比起保理等基于应收账款的融资产品往往在融资利率上更有优势，企业通过票据贴现有望获得相比贷款更低的融资成本，获得流动性溢价，从而降低财务成本。同时结合人民银行再贴现政策，小微、“三农”和制造业企业能够获得政策红利，改善自身流动性和经营环境。

从准入角度而言，中小微企业通过供应链整体授信切分得以降低融资门槛。融资过程中，商业银行将重点审查融资企业与核心企业单笔贸易背景真实性，确保核心企业资金回笼以控制信贷风险。融资期限方面，商业银行往往会限定融资期限与贸易周期相匹配，并通过贷后资金流向监控等手段确保贷款资金不被挪作他用。这使供应链条上的中小微企业得以借由核心企业的优质信用获取低门槛的相对低廉的融资。

（三）降低商业银行信用风险发生率

供应链融资与传统授信融资的最大区别在于银行是以贸易背景的真实性和供应链核心企业的信用水平作为信贷逻辑的基础的。企业之间真实的贸易流所带来的未来具有确定性的现金流一般视作直接还款来源（如上游支付下游的货款等），商业银行可以据此进行封闭贷款操作从而保证还款资金流的安全性。

五、供应链金融发展建议及未来场景设想

为促进供应链金融的整体发展，票据业务作为银行传统信贷业务需从各方面进行改善，可从产品创新、风险把控、信息披露、政策倾斜等方面着手。

（一）紧跟产品创新政策，打造综合性产品方案

票交所成立以来，各项票据产品推陈出新："票付通"的推出意味着票据能够达成线上一键支付，"供应链票据"的出现实现票据等分化签发流转，"贴现通"的发展促进市场贴现效率大幅提升，"标准化票据"的创设使票据融资手段更加丰富多样。由此，票交所在近年积极响应国家政策号召进行票据产品创新工作，作为商业银行应紧随票交所步伐，将实践和实操的细节融合于各项创新产品中，并有效利用产品组合满足供应链客户需求、提升供应链各环节的融资效率。

对于具有特定行业结算特点的供应链客户而言，可依据其结算习惯打造综合性产品服务方案。整体优化逻辑上采取"信用高地授信、信用洼地用信"，以票据产品承载信用输出的功能，从而帮助供应链上下游企业得到商业银行的融资支持。

（二）构建供应链金融信用评价体系，严控信贷风险

从行业风险来看，供应链融资是基于整体产业链的综合授信融资。如果行业整体结构发生大幅度的调整，抑或行业整体进入下行周期，都会对产业链全盘产生较大的冲击，进而对核心企业的信用资质、提款主体的还款能力带来负面影响。故对于行业整体风险进行严格准入和动态监测是必要的。

从微观主体的角度出发，核心企业担当整合供应链物流、信息流和资金流的关键角色。其信用输出通过票据供应链可以实现链条上的传递，其风险也同样会通过链式传递爆发。如果核心企业的经营状况和发展前景出现恶化，将大幅提升整体供应链融资风险。除核心企业外，供应链链条上的其他主体对于

供应链生态的稳定性也有所影响，需额外关注链条企业能否正常有序地经营及各个链条企业之间的合作是否稳定。一旦链条企业经营困难或与核心企业的合作受阻，则链条企业还款能力大幅弱化，核心企业的经营受到负面影响后其自身担保增信能力被削弱，导致供应链融资能力也同步弱化。所以从主体风险方面，应实行动态监控，实时回检主体企业与链上配套企业的经营状况和交易状况。

（三）加强信息披露，减少信息不对称所带来的信用缺失

为缓解商业信用缺失抑制商票业务发展的困境，可由政府牵头搭建信息披露平台，将商票签发、承兑、流转、贴现等信息，尤其是不良违约信息载入平台，为商业银行开展商票业务提供全方位的主体信用、贸易信用等查询服务。2020年1月16日，为加强票据市场信用体系建设，根据人民银行关于开展商业汇票信息披露试点的有关要求，票交所上线运行商业汇票信息披露平台。2020年12月23日，人民银行发布公告（中国人民银行公告〔2020〕第19号），规范商业承兑汇票信息披露工作。2020年12月30日，票交所发布〔2020〕4号公告，出台《商业承兑汇票信息披露操作细则》，为信息披露提供具体操作指引。未来，商票信息披露将进一步完善。

（四）大力发展再贴现赋能中小微企业降低融资成本

再贴现是央行传统货币政策工具，在支持中小微企业融资发展中发挥了重要的作用。再贴现业务精准定位小微、“三农”、绿色、制造业等特殊客群，在贴现利率上进行优惠倾斜。人民银行的票据再贴现可以定向将流动性输送给中小微企业，并可依据政策导向调整再贴现票据行业导向，于实体经济有利。票据再贴现的运用可以帮助供应链中的中小微企业通过银票资产获取相对低廉的融资成本。

总之，供应链金融业务的未来发展前景广阔，而商业银行传统票据业务无

论在产品迭代、制度创新还是风险把控方面均在稳步推进，力图为日益扩大的供应链金融市场核心企业与配套中小微企业提供全方位金融服务。

参考文献

[1] 范方志，苏国强，王晓彦．供应链金融模式下中小企业信用风险评价及其风险管理研究 [J]. 中央财经大学学报，2017(12):34–43.

[2] 付秋实．规范发展供应链金融促进经济稳定发展 [N/OL]. 金融时报，2020–09–28 [2021–07–15]. https://www.financialnews.com.cn/pl/cj/202009/t20200928_202176.html.

[3] 桂晞．票据产品在供应链金融中的应用 [J]. 今日财富，2019(3):107–108.

[4] 胡跃飞，黄少卿．供应链金融：背景、创新与概念界定 [J]. 金融研究，2009(8):194–206.

[5] 蓝天旻．供应链票据模式下的中小企业融资研究 [J]. 上海金融，2015(9):100–103.

[6] 李善良．基于供应链金融视角的中小企业融资问题研究 [J]. 苏州大学学报（哲学社会科学版），2012(6):130–137.

[7] 刘丹．供应链金融的作用模式及其创新 [J]. 金融发展研究，2013(7):23–27.

[8] 孙菲．浅谈商业银行供应链融资业务的风险以及防范措施 [J]. 经济管理文摘，2020(19):23–24.

[9] 肖小和，金睿，王文静．疫情后经济发展中发挥票据在供应链金融中作用的思考 [J]. 现代金融导刊，2020(3):39–43.

[10] 肖小和，张雯，李洁．积极推进电子商业承兑汇票业务是有效服务中小企业的法宝 [J]. 杭州金融研修学院学报，2018(9):62–65.

[11] 闫俊宏，许祥秦．基于供应链金融的中小企业融资模式分析 [J]. 上海

金融，2007(2):14−16.

[12] 姚文萱 . 供应链金融发展的现状、存在的问题及建议 [J]. 财会学习，2020(4):175−177.

[13] 张伟斌，刘可 . 供应链金融发展能降低中小企业融资约束吗？——基于中小上市公司的实证分析 [J]. 经济科学，2012(3):108−118.

商业承兑汇票创新发展模式研究

董　星　陆　远[1]

［摘　要］近年来，国家高度重视供应链金融工作，围绕供应链金融发展问题国家各部委都出台了一系列政策措施，将供应链金融作为金融领域改革的重要内容。商业承兑汇票本身就是一种规范的供应链融资工具，“服务供应链融资”的定位说明商票将会是下一阶段的发展重点，2万亿元商业承兑汇票乃至数十万亿元规模的应收账款市场都将迎来历史性机遇。发展商业承兑汇票有助于推动应收账款票据化进程，提高整个企业供应链的融资能力，助力实体经济发展。本文通过分析展望商业承兑汇票的发展契机与前景，论述商业承兑汇票助推供应链融资等方面的积极作用、独特优势及当前面临的发展瓶颈，重点提出商业承兑汇票的未来发展模式，论证商业银行与政府、票交所、保险、基金等多机构合作，创新商业承兑汇票相关产品，促进资金向实体经济特别是中小企业流通。

［关键词］商业承兑汇票　供应链金融　实体经济　发展模式

在产业分工不断深化，资源要素全球配置的背景下，供应链已经深度嵌入我国生产和流通的各个环节，成为推动国民经济提质增效的重要抓手。2020

① 作者简介：董星、陆远，均供职于中国工商银行票据营业部上海分部。

年11月1日出版的第21期《求是》杂志发表了习近平总书记的重要文章《国家中长期经济社会发展战略若干重大问题》。文章指出，要优化和稳定产业链、供应链；产业链、供应链在关键时刻不能掉链子，这是大国经济必须具备的重要特征。近年来，关于发展产业链、供应链金融已是金融业的重点，国家不断出台政策鼓励创新供应链金融模式，而受2020年以来新冠肺炎疫情影响，更成为经济发展重中之重。商业承兑汇票（以下简称商票）具有典型的供应链融资属性，将票据业务嵌入供应链，多家银行早已着手尝试。当前较为普遍的商票产品仍为传统的商票贴现、商票保贴、商票质押贷款等。阻碍商票发展最大的障碍就是商业信用不健全、信息不透明，因为看不清所以不敢做，故一般银行仅在自己授信名单内客户签发的商票适当给予融资支持。导致一方面供应链末端小微企业无法受到眷顾，另一方面银行间票据交易因缺少互信机制而受到阻碍。如何解决？最重要的必然是健全商业信用体系建设，但这必然需要一个较长的过程，除此无外乎两种途径，增信或风险转移。为此，笔者分析当前发展环境与形势，立足商票业务特征与面临的瓶颈，研究提出若干未来商票的发展模式，以求抛砖引玉，期待市场主体能把握这一历史性契机，加快商票金融服务与产品创新，以助力实体经济发展。

一、商票迎来大发展浪潮

（一）应收账款票据化依托商票流通使用

近年来，国内企业应收账款占用资金问题日趋显著。Wind数据库统计显示，过去几年中国规模以上工业企业的应收账款规模巨大，工业企业应收账款净额逐年增加，且账期不断拉长。其中民营企业和中小企业在产业链中处于弱势地位，面临更大的资金占用压力和流动性风险。对此，党中央、国务院高度重视，要求加大清理拖欠民营企业中小企业账款力度，推广商业信用票据化，解决应收账款增长过快的问题。2019年，中国人民银行易纲行长在陆家嘴论坛上提出支持上海票据交易所（以下简称票交所）在长三角地区推广应收账款票据化。2019年8月，票交所宋汉光董事长在接受《金融时报》采访时指出："票据市场作为我国金融市场的重要组成部分，在提升金融市场流动性、支持民营和中小微企业融资、发挥货币政策工具功能等方面起到重要作用。""要着力推动应收账款票据化，大力发展票据融资功能。"

应收账款票据化的本质，是应收账款商票化，即在应收账款管理中引入商业承兑汇票，将合同承诺转换为更具约束力的商业票据，充分发挥商票天然"确权"、账期固定的优势，推动信用制度在供应链上下游企业之间得到严格执行，加速企业在商品服务购销、贸易结算等方面的资金流转，提高中小企业应收账款的融资可得性，保证产业链供应链正常运转和协同发展。

（二）供应链金融为商票发展注入"催化剂"

随着我国经济由高速增长阶段转向高质量发展阶段，完善产业链供应链体系、激发实体经济活力、在现代供应链领域培育新增长点被提到了前所未有的高度。

2017年10月，国务院办公厅印发《关于积极推进供应链创新与应用的指导意见》；2018年4月，商务部等八部门联合下发《关于开展供应链创新与应用试点的通知》；2019年7月，中国银保监会发布《关于推动供应链金融服务实体经济的指导意见》。

所谓"供应链金融"，是指金融机构通过引入核心企业、第三方企业等，实现对信息流、资金流、物流等资源的整合，有针对性地为供应链的某个环节或全链条提供定制化的金融服务，达到提高资金使用效率、为各方创造价值的效果。其中，商票是供应链金融的重要工具和载体，通过将商票的支付、结算、融资功能嵌入核心企业与其上下游企业之间的真实交易场景，可以将核心企业的优质信用传递至供应链上中小企业，帮助中小企业拓宽融资渠道、降低融资成本、优化财务结构。

在支持供应链金融规范发展的背景下，2020年4月24日，票交所供应链票据平台上线。供应链票据平台依托电子商业汇票系统，与供应链金融平台对接，为企业提供电子商业汇票的签发、承兑、背书、到期处理、信息服务等功能。供应链票据的推出，将极大地提升供应链金融服务水平，有效整合产业链价值，助力实体经济发展。

（三）标准化票据拓宽商票发展空间

为了更好地服务中小企业融资和供应链金融发展，中国人民银行于2020年6月28日发布了《标准化票据管理办法》，标志着标准化票据正式登陆我国金融市场。标准化票据，是指存托机构归集核心信用要素相似、期限相近的商业汇票组建基础资产池，以基础资产池产生的现金流为偿付支持而创设的等分化受益凭证。标准化票据的交易流通适用于《全国银行间债券市场债券交易管理办法》（以下简称《管理办法》）的有关规定，在银行间债券市场和票据市场交易流通，且适用于现券买卖、回购、远期等交易品种，在一定程度上打开了票据投资窗口，有利于发挥债券市场的专业投资和定价能力，增强票据融资功能和交易规范性，对于盘活票据市场上原本流动性较差、信用主体风险较大的票据资产，拓展此类票据的应用场景，有效解决当前票据市场流动性分层问题意义重大。

2020年7月30日，《管理办法》正式实施后的首批14单标准化票据创设成功，其中13单的基础资产均为未贴现商票（包括1单供应链票据），充分体现了标准化票据对于培养独立的商业信用、推动商票成为企业直接融资重要工具的长远导向。可以预见的是，未来商票将成为标准化票据基础资产的主体，通过商票切实拓宽中小企业票据融资渠道，提升中小企业票据融资的可得性和效率。

（四）创新商票业务模式畅通经济大循环

加快形成以国内大循环为主体、国内国际双循环相互促进的新发展格局，是根据我国发展阶段、环境、条件变化作出的战略决策，是事关全局的系统性深层次变革。“国内大循环”的“大”字不仅体现在规模上，更体现在从采购到生产、流通、消费等多流程、多环节的贯通上。这其中，供应链金融依托核心企业，服务供应链上下游中小企业，将在疏通产业链堵点断点、带动产业链上下游协同发展、提升产业链竞争力和可持续发展能力方面发挥重要作用。

2020年9月，中国人民银行等八部门联合发布了《关于规范发展供应链金融 支持供应链产业链稳定循环和优化升级的意见》（银发〔2020〕226号）。226号文的出台，标志着我国将供应链金融的发展上升到了国家战略的高度。其中第八条“提升应收账款的标准化和透明度”明确指出，“支持金融机构与人民银行认可的供应链票据平台对接，支持核心企业签发供应链票据，鼓励银行为供应链票据提供更便利的贴现、质押等融资，支持中小微企业通过标准化票据从债券市场融资，提高商业汇票签发、流转和融资效率”。由此可见，供应链票据和标准化票据将成为解决商业信用规范化问题、引金融活水精准滴灌中小企业的重要抓手，对于优化供应链金融服务方式、服务供应链产业链完整稳定、夯实经济双循环基础意义重大。

二、商票业务具有独特优势

（一）具有坚实的法律制度保障

商票是法定货币证券，受《票据法》《票据管理实施办法》《支付结算办法》约束，具有无因性、要式性、文义性等特点。商票的格式统一，票面记载信息如出票人、收款人、承兑人、金额、期限等清晰规范，任何形式合法的票据都具有确定的效力，即使其基础关系因有缺陷而无效，票据行为的效力依然存在。

商票的上述特征有利于保护善意持票人，维护商票的流通性，确保交易安全。相较于其他贸易融资产品而言，商票具有更为充分的安全保障和法律依据。相较于商票而言，应收账款尚欠缺相关具体法律法规，应收账款电子债权凭证没有明确的法律地位，对企业而言，具有较多的风险隐患，如基础交易不真实、应收账款多重转让、账期不固定等，不利于对债权人的保护。

（二）具有良好的市场基础设施

票交所为商票业务提供了统一、安全、高效的基础设施和服务平台。票交所成立后，通过健全票据市场制度体系、优化完善票据交易系统、推进风险防控机制建设等一系列举措，大幅提高了票据市场的电子化水平，建成了全国统一、公开透明的票据市场，塑造了健康规范的票据市场生态环境。

2020年1月16日，票交所上线试运行商业汇票信息披露平台；2月28日，信息披露平台自主注册功能正式上线，经注册认证的承兑机构可通过该系统披露票据承兑信息和承兑信用信息，社会公众可通过该系统查询已披露的票据相关信息，标志着票据市场信用体系建设迈出了重要步伐。2020年12月23日，人民银行发布公告（中国人民银行公告〔2020〕第19号），规范商业承兑汇票信息披露工作。2020年12月30日，票交所发布〔2020〕4号公告，出台《商业承兑汇票信息披露操作细则》，为信息披露提供具体操作指引。伴随着信息披露平台功能的不断完善和披露规则的日益完备，商票市场信息不对称的问题将得到极大缓解，对于建立完善商票市场化约束机制、更好地规范市场主体行为、保障商票持票人合法权益具有重大意义。

（三）具有签发流通便利性

商票由企业签发和承兑，操作手续简便，无须向银行缴纳保证金和手续费，是一种建立在商业信用基础之上的极为便利的支付、结算和融资工具。

商票的市场认可度及流动性较高。商票具有凭证法定、账期固定、权利义务明确的特点，商票所载明的权利可通过背书转让的方式自由流通，持票人在行使商票权利时无须证明其取得票据的原因。同时，商票对承兑企业的约束力较强，特别适用于以核心企业为中心的供应链业务模式。核心企业作为承兑主体，将商票的运用嵌入供应链场景，通过商票的支付属性，将自身的应付账款以商票形式在供应链上进行流通，同时也是将自身的优质商业信用在供应链上进行传递，实现“1+N”的信用绑定。当核心企业的信用传递至供应链末端的中小微企业时，将真正形成供应链金融的优势，有效解决中小企业的融资痛点，达到稳定供应链产业链、服务实体经济的效果。

（四）具有融资变现功能

作为重要的信用工具和短期融资手段，商票具有融资变现功能，持票企业既可以将商票背书转让给上游供应商，也可以向商业银行申请商票贴现或质押融资。商业银行可以在二级市场办理商票转贴现卖断业务实现价差收益，也可以持已贴现商票向中国人民银行申请再贴现获取低成本融资。

作为连接实体经济和货币市场的重要纽带，商票市场同样具有利率市场化特征，受宏观货币政策、信贷新增量等多种因素影响，有利于强化央行货币传导机制的作用，同时引导资金向中小企业流动，改善中小企业融资格局。

三、商票业务发展现状与存在的问题

（一）商票业务发展现状分析

近年来，在中国人民银行及各商业银行机构的推动下，商票业务量呈缓步上升趋势，但总体来看，商票业务的发展仍较为滞后，商票的信用、融资功能未得到充分体现。从近3年的数据看，商票承兑量、贴现量、转贴现量在商业汇票总量中的占比分别为14%~15%、7%~8%、7%~9%，商票的发展速度远远落后于银票，商票占比过低的结构性矛盾比较突出。相较于开票承兑，商票的贴现和转贴现占比更低，且占比还在下降，表明多数商票仍主要在企业间流转，商票的贴现融资功能仍相对弱化，在银行间市场的周转流通不畅，交易活跃度不高。此外，商票承兑量的年均增长率近19%，高于银票承兑量的增长水平；商票贴现量的年均增长率约为12%，表明商票业务正在不断向前发展，商票的市场规模在逐步增长，市场接受度在逐步提高。

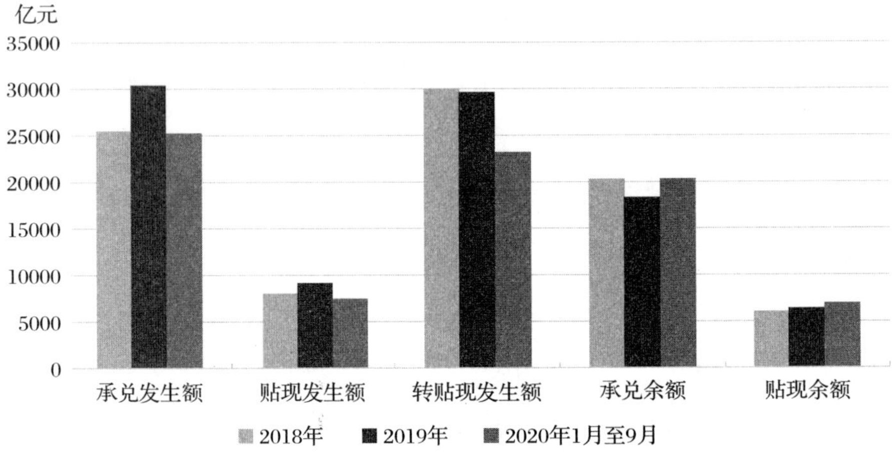

图1 近3年全市场商票业务数据

（资料来源：上海票据交易所官网）

（二）商票业务发展存在的问题与困难

1.信用评价体系不健全。商票是建立在商业信用活动基础之上的，商票的信用主体往往以“核心企业”为主，以票据所基于的交易关系对手方为辅。由于没有银行信用支持，商票的风险敞口程度相对较高，对于商票的接收方来说，事先了解商票的信用等级、掌握承兑企业的经济实力和履约能力是非常重要的。但是目前我国还没有建立起统一的商票信用评级机制，尚没有第三方评级公司或权威公信力机构针对我国商票市场开发出普遍认可的商票评级产品。对于未公开上市、未公开发行过债券、没有公开评级信息的企业，其承兑的商票在流转过程中，除非收票方与承兑企业有长期业务合作关系，否则很难判断承兑企业的信用风险，普遍不愿意接受商票。从银行方面看，银行办理商票贴现业务主要沿用信贷逻辑下的评价标准，需要经过严格审慎的尽职调查和规范的授信流程，一般仅办理在自己授信名单范围内的承兑企业的商票，否则可能依据承兑企业的风险状况要求提供相应担保，贴现“准入”比较困难，与商票融资实质不符。由于缺乏完善、健全的商票信用评估体系，商票的流转范围受到极大制约，并且在流转过程中缺乏公允定价，在一定程度上影响了商票的正常流通。

2. 信息披露不充分。我国商票市场信息披露机制建设缓慢，长久以来，商票市场始终存在信息不对称的情况，市场参与者很难了解商票承兑企业的真实情况，无法准确判断其违约概率，也缺乏约束企业违约行为的有效手段。不过，随着票据市场信息披露制度的建立，相信相关问题也会迎刃而解。2020年初，票交所上线了商业汇票信息披露平台；2020年12月23日，中国人民银行发布2020年第19号公告，对商业承兑汇票信息披露有关事宜进行正式公告；2020年12月30日，票交所配套发布《商业承兑汇票信息披露操作细则》。一系列规范性文件的公布和实施，将切实增强承兑企业披露信息的动力和压力，商票市场的信息透明度将得以不断提高。

3. 贸易背景核验困难。真实贸易背景核查困难也是商票业务的痛点之一。商票的签发和流转必须以合法的商品交易为基础，具备真实有效的贸易背景。但是在实务操作中，由于商票是企业的信用行为，完全以商业信用为基础，无法从源头上确保交易背景的真实性。商票在企业之间流转的环节越多、层级越长，交易的真实性就越难以把握。

由于无法有效区分流通性商票与融资性商票，导致劣币驱逐良币，近年来融资性商票大量存在。此类商票贴现后的资金往往被用于投资或偿债，缺乏贸易自偿性，一方面容易引发企业产生投资冲动，盲目承兑和债务扩张，扰乱正常的市场秩序和商业信用环境；另一方面严重扭曲了商票市场的价格体系，推高了整个商票市场的融资成本，在很大程度上制约了制造业等实体经济领域商票的签发和流通，导致商票服务实体经济、传递企业信用的作用大打折扣。

4. 融资渠道不畅。大部分商业银行尚没有根据市场形势及时更新商票业务经营理念，对商票的认识不充分，开展商票业务的积极性不高，商票业务量占比较低。很多银行的商票贴现、转贴现业务只能面向本行的授信白名单客户小范围开展，商票保贴等增信业务还没有得到银行间的互信认同，持票企业很难在非承兑人所在地使用承兑人授信，导致商票难以跨区域流动，无法满足广大持票企业尤其是中小企业的资金融通需求。此外，由于缺乏专业化的管理团队和操作平台，银行普遍存在商票产品设计能力、创新能力、管控能力不足的问题，开办的商票业务种类有限，商票业务决策链条长、环节多、效率低，没有发挥出商票独特的便捷优势。

四、商票创新业务模式发展思路

（一）银行与电商平台合作的一对多模式

随着互联网金融和平台经济的快速发展，以及票据业务线上化程度不断提升，平台化金融服务已然成为商业银行票据业务创新发展的显著趋势。银行可通过与优质互联网产业金融平台开展合作，实现票据融资业务服务能力与服务渠道的多元化、综合化输出。具体为通过平台内嵌页面的方式让客户直观掌握所持电子票据实时贴现报价，包括商业承兑汇票，通过平台联动银行网银端口，线上发起贴现申请并完成业务闭环。

该种业务模式有两大优势：一是批量拓户。传统银行客户拓展主要依靠庞大的线下营业网点和客户经理队伍，营销方式也是较为传统的“扫楼”及上门营销，新客户拓展耗时耗力。而随着时代的发展，越来越多的企业客户已从线下走上线上，B2B电商平台已有数万个之多，注册客户也遍布全国各地。该模式能充分发挥B2B电商平台掌握大量客户资源的优势，在全国范围拓宽获客渠道，短时间即可拓展大量新客户，带动新开户、网上银行、结算、存款、信贷等其他条线业务共同发展。二是辅助风控。一些互联网平台尤其是行业信息、交易门户平台，往往掌握了大量的行业真实数据与交易信息，并利用这些信息建立了较为全面、智能的风控体系，包括独立的征信模型等，如蚂蚁金服的“芝麻信用”平台等类似的信用评价体系。商业银行与这些优质平台合作，可充分利用平台掌握的大数据风控，在业务的事前、事中、事后不同阶段进行嵌套，补充获取关于企业背景、行业口碑、交易行为等银行较难获取的信息，好比获得各行各业的专业人士“加持”，达到精准识别、辅助风控、有效管理的目的。此外，银行通过与平台接口共享的方式，获取平台上所发生交易的贸易合同、资金流凭证、物流凭证等数据材料，作为业务办理时贸易背景审查依据，可在有效控制风险的前提下，简化审查流程。

（二）大型企业增信的商票保证业务模式

保证人担保是贷款的司空见惯的一种增信方式。商票同样也可以在承兑、贴现等环节追加担保。在过去的纸票时代，票据的保证行为无法真实、准确地反映，受让人无从核实真伪，以致纸质商票的保证业务难以得到推广。随着互联网金融与金融科技的不断发展，票据市场早已迈入电子化时代，保证行为的信息可以通过电子系统进行登记。《电子商业汇票业务管理办法》（中国人民银行令〔2009〕第2号）规定“电子商业汇票业务的出票、承兑、背书、保证、提示付款和追索等业务，必须通过电子商业网汇票系统办理”，中国人民银行电子商业汇票系统（ECDS）支持票据保证功能，能够清晰地记载保证人信息及保证事项，票据的保证行为跟随票据载体一起背书流通。票据保证模式分为三类：对出票人保证、对承兑人保证、对持票人保证。针对商票，由于出票人与承兑人大多情况下为同一家企业，所以主要可以发展两种模式，即对承兑人保证与对持票人保证。保证人为银行类金融机构或企业，但银行若要作为保证人，等同于商票贴现或商票保贴，普及的可能性较小，发展意义也不大。与贷款类似，保证人为企业或专业担保机构的模式有较大的发展空间。

对承兑人保证的业务模式，最可能普及的应用场景是集团内子公司之间或关联企业之间。子公司因业务拓展需要签发商票，但成立时间较短、市场接受意愿较低，由集团内实力较强或资金归集的母公司或控股公司等为该子公司进行担保，类似作了信用背书，增强了商票的市场流通性。对持票人保证的业务模式，一般发生在贴现前，因收到的商票承兑人信用程度不高或不在该银行商票授信“白名单”内，为顺利获得银行融资，由实力较强的关联公司进行保证，银行在无法占用商票承兑人授信的情况下，占用持票人和保证人授信。由于《票据交易管理办法》明确的票据到期的偿付顺序为承兑人、保证增信行、贴现人、贴现保证人，这种模式也得到票交所扣款顺序的保障支持。此外，寻求专业担保公司追加担保的行为也具有较广泛的应用场景，尤其对一些中小微企业，但一般须将个人名下的房产等资产提供担保公司作为反担保措施。

（三）银行与保险公司合作的商票融资模式

银行与保险公司，类似追加担保模式，借款人申请融资同时购买履约保证险种的商业保险，由保险公司对借款人提供还款保证。可分为商票质押与商票贴现两种融资方式：商票质押模式下，借款人将持有的商业承兑汇票通过背书质押给银行或保险公司，向银行申请流动资金贷款，并向保险公司投保借款履约保证保险，银行为被保险人；当借款人不能按期还款，且质押项下票据未能托收兑付时，由保险公司按保险协议赔付给贷款行。商票贴现模式下，借款人直接将持有的商业承兑汇票向银行申请贴现融资，同时向保险公司投保借款履约保证保险，银行为被保险人，商票到期时，以商业承兑汇票承兑人到期兑付资金作为还款来源的业务模式；当汇票不能按期兑付时，由保险公司承担相应的赔偿责任。

此类银保合作模式下，银行将部分信用风险转嫁给保险公司，保险公司在平衡收益情况下，区分业务模式，重点关注商票承兑人与借款人资质。如商票质押模式下，由于借款人自身经营收入为第一还款来源，商票托收资金仅为第二还款来源，则保险公司重点审查的是借款人资质，可通过区分借款人风险状况，设定不同资质档次，来设定不同保费以平衡风险。而商票贴现模式下，票据托收款即第一还款来源，故重点关注该贴现票据本身，包括承兑人资质及票据是否存在纠纷等情况，此类模式下，也可分为两种业务模式，无追索权贴现与有追索权贴现，根据不同业务模式、承兑人资质情况设定保费档次，接受无追索权的，更应重点关注承兑人信用资质。

（四）政府扶持下的精准施策模式

商票具有延期支付功能，有利于缓解资金周转压力，提高资金使用效率，改善资产负债状况，深受各行各业各类型企业的欢迎。但在实际应用中，也存在部分大型企业故意拖欠中小企业款项情况，通过大量开立商票，并强制要求其上游中小企业接受其商票，导致中小企业货款被拖欠。2020年7月14日，国务院出台《保障中小企业款项支付条例》，明确规定“机关、事业单位和大型企业使用商业汇票等非现金支付方式支付中小企业款项的，应当在合同中作出明确、合理约定，不得强制中小企业接受商业汇票等非现金支付方式，不得利用商业汇票等非现金支付方式变相延长付款期限”。

随着市场经济的发展，中小企业成为推动和发展我国科技事业和高新技术产业的重要力量，其作用和地位越来越受到重视。但中小企业融资难成了企业发展的瓶颈。国家对中小企业多年来也持续出台各种扶持政策，事实上发展好商票这一产品、发挥政府职能优势，可以极大程度解决这一问题，真正惠及中小微企业。如针对特定中小微企业收到的商票采用财政担保、贴息等方式协助其获得银行低息融资，也可以通过地方政府设立扶持基金、与银行签订商票风险补偿协议、由政府参股设立专业担保公司等模式，引导商业银行信贷资金投向中小企业。这类模式的优势在于两方面，一是可以精准施策，政府部门可以通过圈定名单，在“白名单”内的中小微企业可享受一定额度或一定比例的优惠政策，或设定一定条件，如资产规模区间、行业方向等，或框定特定范围的方式，如点对点向某高新技术创业园区注册的小微企业等，以此达到点对点精准投放；二是可以分步骤按阶段实行，年初设定预算，年内根据经济形势、行业变化、地域差异分批投放，有效灵活调节额度。

（五）基于核心企业的银行内循环模式

商业银行可以通过“互联网技术、制造业思维”变革供应链金融，直接将企业资源计划（ERP）系统嵌套至银行网银或建立银行内部循环式的供应链生态，引导企业使用商业承兑汇票进行日常的结算与融资，从深度上，延长核心企业信用的覆盖面，做活整条供应链上下游。具体是，以龙头企业为核心，银行与供应链上下游（包括一级供应商至多级供应商）签订合作协议，开通网银功能，为核心企业核定商票额度，核心企业在额度内基于一笔应收账款签发商票，转移带贸易背景的信息发送给卖方，卖方在线签收，可直接流转支付，或向银行申请贴现，或者将商票质押后拆分流转、合并流转，如此延伸惠及供应链末端。此外，也可以为该核心企业签发的商票提供授信项下保证增信服务，发挥大型商业银行品牌优势，实现风险溢价收益。还可开展票据衍生品交易，包括远期商票贴现、商票贴现期权、贴现利率互换等产品，锁定市场利率风险，以多元化服务，增强与核心企业及其上下游客户的黏性，实现银行与客户双赢。

该种模式，对核心企业而言，通过延迟付款，相当于以一定成本融资，并且不直接占用银行授信，也不推升有息负债，对供应商而言，上游供应商受让核心企业商票后可以实现上游供应链多级支付，缓解企业间货款拖欠。对供应链末端小微企业来说，核心企业信用注入整个产业链，融资难、融资贵的问题得以有效解决，同时也增加与银行交互并累积信用的机会，有利于长期业务发展需要。对整条供应链而言，基于核心企业承诺付款，可对上游进行信用支付或直接将应收账款变现，盘活资产，增强经营周转。对商业银行而言，第一还款来源从下游的中小企业变为产业龙头企业，回款风险得到把控。商票支付使供应商账期被分摊，降低供应链融资成本，供应商不再将融资成本转移至采购报价中，相当于降低核心企业的采购成本。

（六）投融联动的票据池

当前银行建立票据池，多为针对某户企业持有的票据提供质押融资或托收等金融服务。更多元化一点的，也有将企业持有的银票、商票、信用证、存单、理财产品等一揽子入池，打包以整个金融资产池为质押，并对不同资产类别及其风险敞口设定质押率计算公式，根据资产的动态变化，自动动态核定质押比例，企业可自主进行融资申请或池内资产管理。上述产品为传统的点对点、一对一的合作模式，且服务对象多为持有金融资产众多的大型集团公司，对于小微企业很难有所惠及，对服务实体经济仍存在一定局限性。

银行可通过开发商票流转平台对接银行网银，引导授信名单内核心客户在网银上签发商票，并与供应商签订商票保贴协议，供应商收到商票可用于支付或申请贴现；所有名单内企业签发的商票均纳入统一流转平台，同时可以贴现或未贴现商票集合资产为依托，后端对接资管计划、理财产品、票据基金、SPV集合理财计划等资产管理项目，通过委托信托或基金公司发行募集资金。且因为票据池的范围拓宽、票源足够丰富，可从需求侧出发，为不同风险偏好的投资者定制、组合不同信用评级的票据投资产品，收益将高于货币基金，流动性也将优于债券基金。互联网平台创新的模式，既依托供应链，又背靠商业银行信用，能切实帮助小微企业在线面对开放式票据投资机构，降低融资成本，高效满足融资需求。

商业银行还可在此基础上建立自身的商业信用披露机制，将池内票据逾期、冻结、诉讼、延期兑付等情况及时予以公示，加强自身授信名单管理的同时，让更多的供应链企业和投资方了解商票承兑人的商业信用。反过来说，对核心企业而言，也会有一定的督促与约束作用，商票签发和使用即是建立自身信用体系的过程，使用商票可以使核心企业使用到期承兑的方法证明自己的偿还能力和商业信用，由此形成一个良性循环生态。此外，可引入区块链技术，与公证处、司法鉴定中心多节点合作，建立互信机制，保证数据客观合法，实现事前公正、事后鉴定、在线举证及出证的多项功能服务，以利于可能发生的金融合同纠纷的司法处置。

（七）“供应链票据+标准化票据”

供应链票据将单张票据的面值定义为1元，流转的时候通过票据包的形式组合成任意金额流转，可将核心企业的信用传导至供应链末端长尾客户，实现核心企业信用的全链条共享。标准化票据非通常意义上的支票、本票、汇票种类之一，其符合关于标准化债权产品的界定，实质是债券，设计接近于资产证券化产品，核心是基于基础资产现金流发行的受益证券。之所以称为“标准化票据”，其设计初衷是奔着标准化债权类资产方向，且符合标准化债券类资产所需同时具备的5个条件：等分化，可交易；信息披露充分；集中登记，独立托管；公允定价，流动性机制完善；在银行间市场、证券交易所市场等国务院批准设立的交易市场交易。在试运行阶段，标准化票据发行了4期，其中前3期为锦州银行承兑的已贴现票据，第4期为江苏银行承兑的未贴现票据。在办法正式施行后，又发行首批14期产品，其中13期均为未贴现商票。

作为标准化票据的基础资产，国有银行、股份制商业银行及大型城市商业银行承兑的票据本身流动性高、利率不具优势，而以基于供应链金融场景签发的商业承兑票据为基础资产，发行利率更具吸引力。可以预见，在基础设施更为健全的趋势下，“供应链票据+标准化票据模式”将成为未来商票发展的主流模式。这种模式对票据市场有几方面促进作用：一是提升供应链金融服务水平。供应链企业之间产生应收应付关系时，可以通过供应链票据平台直接签发供应链票据，且可拆分可转让，故可以在企业间“随心”转让，直达供应链末端，有效整合产业链价值，助力实体经济发展。二是降低中小企业融资成本。中小企业收到的供应链商票可以银行贴现获得间接融资或标准化票据获得直接融资，增加融资渠道，降低融资成本。三是提高票据流动性。由于底层资产较好的票据本身就具备较好的流动性，因此较难成为票据标准化市场的主体。相反，底层资产可能存在信用风险的标准化票据可能成为该市场的主体。因此，该种模式有利于盘活原本票据市场上流动性欠佳的商票，尤其是信用主体风险较大的票据资产，有效解决当前票据市场流动性断层问题。四是破除市场隔离。标准化票据可在银行间债券市场和票据市场交易流通，即可打通票据市场与银行间债券市场的壁垒，引入券商、基金、保险、资管等非银机构参与，有利于丰富市场交易结构、交易策略的多样性，从而平抑票据市场波动，提高市场抗风险能力。

参考文献

[1] 王红霞，曾一村，汪武超 . 票据市场：国际发展经验对我国的启示 [J]. 农村金融研究，2015(7):6−11.

[2] 肖小和，谈铭斐，陈奕欣 . 标准化票据与票据市场 [N/OL]. 中国经济网，江西财经大学九银票据研究院，2020−04−01.

后疫情时代
商票收益率波动实证研究

方雄平[①]

[摘　要] 本文在全球经济受新冠肺炎疫情影响、国内经济恢复面临较大压力的大背景下，通过引入票交所成立以来商票相关数据刻画后疫情时代商票贴现市场蓬勃发展情况，并从宏观基本面、中短期资金面和商票贴现市场供需关系三个层面定性分析商票贴现收益率波动影响因素，创新引入商票贴承比和票融增量等变量构建商票贴现收益率量化模型，对反映宏观经济基本面的消费者价格指数（CPI）、生产者价格指数（PPI），衡量中短期资金面的同业存单（CD）、银行间市场回购利率（DR）和反映商票贴现市场供需的商票承兑量（SC）、商票贴承比（TC）、票融增量（PR）、贷款增量（DK）八大指标进行定量分析监测，同时利用2017年1月至2020年6月的42组月度样本数据对商票贴现收益率量化模型进行模型修正与实证分析，重点量化分析了生产价格指数、同业存单利率、商票贴承比与票融增量四大监测指标对商票贴现收益率波动的影响。同时通过单位根检验、格兰杰因果检验与协整检验分析商票贴现收益率量化模型变量之间的因果关系和长期均衡关系，并运用向量误差修正模型对商票贴现收益率进行模型预测，预测结果对各大机构商票市场交易操作具备一定的参考指导意义。

[关键词] 商票贴现　收益率波动　量化模型　实证分析

① 作者简介：方雄平，现任招商银行南昌分行产品营销室主管。

2020年初，新冠肺炎疫情对我国经济发展产生了巨大影响，从GDP总量来看，第一季度GDP为21万亿元，同比下降6.8%，第二季度GDP为25万亿元，同比增长3.2%，上半年累计增速为-1.6%；从生产者价格指数（PPI）来看，上半年PPI月均同比下降1.9%，6月开始降幅有所收窄；从消费来看，上半年社会消费品零售总额17万亿元，同比下降11.4%，降幅总体呈收窄态势。第二季度随着疫情防控工作的推进，国内疫情逐步得到控制，社会生产基本恢复正常，但由于仍有零星疫情病例出现、全球疫情仍在扩散，外部环境仍存较大不确定性，因此后疫情时代国内经济恢复仍面临较大压力，但随着后疫情时代的到来，银票直转利差越来越薄甚至出现倒挂现象，商票贴现业务模式灵活和高利差的优势相对突出，短期融资商票化、供应链融资商票化和商票类债券化发展趋势将越来越显著。

在后疫情时代良好的政策和市场环境下商票贴现业务将迎来新的发展机遇，服务整个产业链的商票贴现融资必将成为票据市场的下一个风口。各家商业银行及票据专业研究机构越来越重视对商票业务发展的研究，目前市场利率研究主要针对票据转贴现收益率，而关于商票贴现市场收益率的实证研究相对较为少见。本文在前人研究的理论基础上，创新引入商票贴承比和票融增量等变量对商票贴现市场收益率进行实证研究，并对后疫情时代商票贴现收益率波动趋势进行预测分析。

一、商票贴现业务发展及收益率变化

（一）后疫情时代商票贴现业务发展

2018年以来，商票贴现业务发生额和余额均呈现逐年递增趋势。2020年上半年全国累计商票贴现业务发生额为5414亿元，同比增长8.28%；6月末商票贴现业务余额为7031亿元，同比增长9.77%，商票贴现余额创历史新高。

如图1所示，受春节和新冠肺炎疫情影响，2020年2月商票贴现发生额为576亿元，环比下降57%。随着第二季度复工复产快速推进，商票贴现业务量和商票贴现余额均同比大幅提升。第二季度商票贴现业务量2499亿元，同比增长15.97%，商票月均余额为6991亿元，同比提升10.50%。由此可见，后疫情时代短期融资商票化业务量逐年稳步增长。此外，2018—2020年的年中（6月）和年末（12月）商票的贴承比都是当年相对低点，反映出受跨年资本限额和信贷投放规模限制，商业银行在年中和年末相较于其他月份商票贴现意愿相对较低。同时，2017年以来，商业承兑汇票贴现发生额总体呈现逐年上升态势，反映出商业银行对商票贴现意愿在逐年提升。

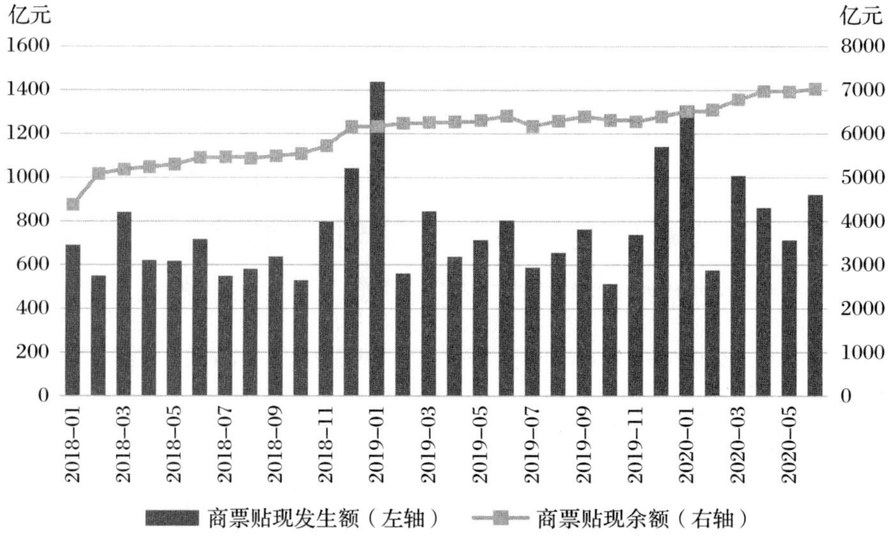

图1 2018年1月至2020年6月商票贴现发生额和余额

（数据来源：上海票据交易所）

（二）商票贴现收益率变化对比分析

票交所成立以来，商票贴现收益率呈现逐年震荡下行趋势。2020年上半年受疫情冲击和货币政策等方面影响，商票贴现收益率大幅下行，加权平均利率为4.33%，同比下降73个基点。

如图2所示，商票贴现收益率与贷款利率之间的价差不断扩大，由2017年的8个基点增长至2020年的115个基点。随着商票贴现收益率的逐步下行，企业通过商票贴现替代贷款的融资需求不断增加，有利于短期融资商票化发展。此外，2020年上半年商票贴现收益率与同业存单利率价差比银票同期高157个基点，且银票贴现收益率与同业存单价差不断缩窄甚至出现倒挂现象，银票贴现收益率与商票利差对比越来越悬殊，倒逼商业银行纷纷布局发展商票贴现业务。

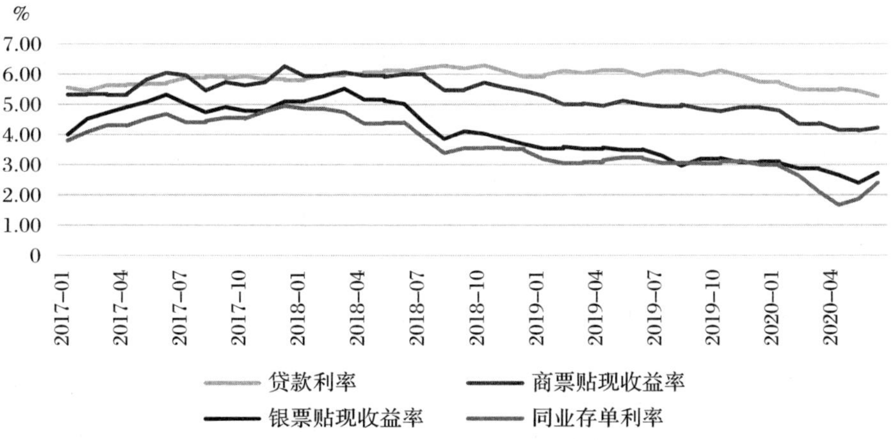

图2　2017年1月至2020年6月商票贴现收益率对比分析

（数据来源：人民银行利率监测报告）

（三）商票贴现收益率与贴承比

商票贴承比是指商票贴现业务量与当期商票承兑业务量的比值，该比值可在一定程度上反映出企业商票贴现需求和商业银行办理商票贴现业务的意愿，本文引入该比值衡量商票贴现市场的供需情况。

2020年第一季度受疫情冲击和货币政策等方面影响，商票贴现收益率整体下行，而商票贴承比却逆势增长，说明第一季度在疫情的冲击下企业商票贴现的融资需求增加，商业银行受资金成本下降和信贷政策等影响主动办理商票贴现的意愿增加，第二季度情况正好相反。从图3中商票贴现收益率和商票贴承比的走势也可以看出，商票贴现收益率和商票贴承比之间成负相关关系。

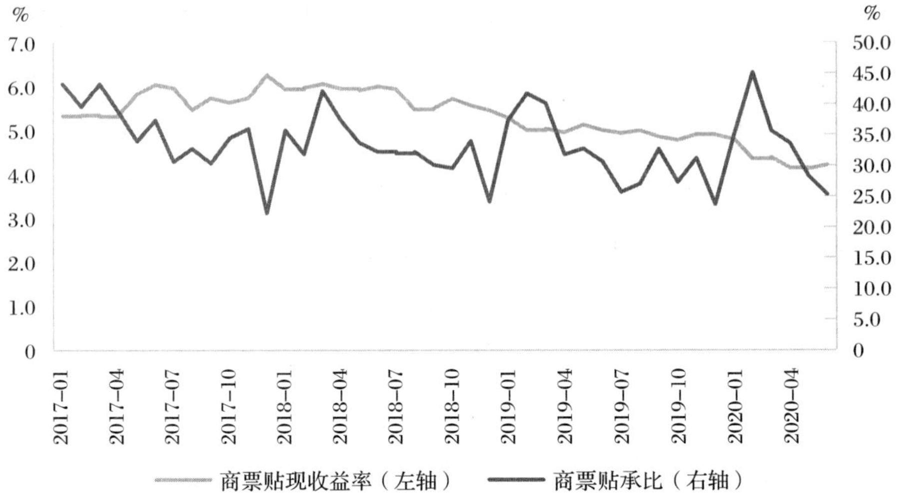

图3 2017年1月至2020年6月商票贴现收益率与贴承比走势分析

（数据来源：上海票据交易所）

二、商票贴现收益率模型逻辑分析框架

商票贴现收益率与无风险利率之间的利差关系，可比照利率债的信用利差，但影响因素相对更为复杂。本文主要参考利率债逻辑分析框架重点从宏观经济基本面、中短期资金面、商票贴现市场供需关系三方面分层次地研究分析商票贴现市场收益率波动情况（见图4）。

图4 商票贴现收益率模型逻辑分析框架

首先，从宏观经济基本面来看，一是经济政策引领经济发展的同时，直接或间接地引导商票支付结算融资在不同行业的繁荣与发展，如房地产调控政策促进商票保贴成为房地产行业重要融资渠道之一，从而间接影响商票市场收益率；二是实体经济的回报率决定企业融资成本容忍率，进而决定长期商票贴现市场收益率中枢，如再生资源等行业对资金周转率要求高，但利润回报率较高，能接受的商票贴现利率相对也较高；三是宏观基本面数据大部分是相对滞后的，可运用的指标也有限，本文把国内生产总值（GDP）、消费者价格指数（CPI）和生产者价格指数（PPI）等指标作为了解宏观经济基本面趋势的重要参考指标。

其次，中短期资金面是判断商票贴现市场收益率的趋势级指标：一是央行通过货币政策和宏观审慎控制银行的资金成本和信贷规模，来控制全市场的货币投放与需求，从而影响商票贴现市场收益率中短期的利率中枢；二是随着商票贴现市场不断发展以及票交所关于商票兑付规则的变化，已贴现的商票资产的信用等级逐渐趋同于贴现行承兑的银票，故商票的信贷属性不断弱化而资金属性越来越凸显，未来商票也将有望通过标准化票据成为标准化资产；三是中国的无风险利率反映市场流动性，本文将上海银行间同业拆放利率（Shibor）、存款类机构间利率债质押的回购利率（DR）和同业存单利率（NCD）作为资金面价格重点衡量指标。

最后，从商票贴现市场供需关系来看，一是商票承兑业务量（SC）的变化直接影响商票贴现市场的供给，如2020年6月随着商票承兑业务量的陡增，商票贴现市场收益率从低位反转上升到4.21%；二是商票贴承比（TB）反映出企业商票贴现需求和商业银行办理商票贴现业务的意愿，可在一定程度上衡量商票贴现市场的需求度，如2020年3月随着疫情得到有效控制，企业商票融资需求环比下降，商票贴承比随之下行，商票贴现收益率也反转向上；三是商票贴现市场主要参与机构的票据配置需求直接影响票价走势，如2019年第一季度特别是票价上涨区间中国邮政储蓄银行等大型银行的商票配置需求和报价将直接引导商票贴现市场收益率的走势，因此研究分析商票贴现和转贴现市场重要参与行的商票交易策略重要性不容小觑，而票融增量和贷款增量在很大程度上决定着机构商票配置需求。

三、商票贴现收益率量化模型的构建

（一）模型设定与指标选取

本文中的商票贴现收益率特指商票贴现加权平均利率，根据上文中商票贴现收益率理论分析框架，从宏观经济基本面、中短期资金面、商票贴现市场供需和外部影响四个层面分别选取变量指标，重点选取消费者价格指数（*CPI*）、生产者价格指数（*PPI*）、同业存单（*CD*）、银行间市场回购利率（*DR*）、商票承兑量（*SC*）、商票贴承比（*TC*）、票融增量（*PR*）和贷款增量（*DK*）八大量化指标监测商票收益率变化，由于地缘政治和监管政策等外部因子无法量化，故本文用随机扰动项μ来表示外部影响因子，同时考虑到各大指标数据周期、口径的一致性，本文将商票贴现收益率量化模型初步设定为：

$$Y=C_1+C_2CPI+C_3PPI+C_4CD+C_5DR+C_6SC+C_7TC+C_8PR+C_9DK+\mu \quad (1)$$

其中，Y表示商票贴现收益率，C_n表示变量对应的系数，μ表示外部影响因子随机扰动项。

（二）模型修正与模型描述

本文对2017年1月到2020年6月票交所官网、国家统计局和人民银行利率监测报告数据按月度分别对消费者价格指数（CPI同比增长）、生产者价格指数（PPI同比增长）、1个月期同业存单利率（CD1）、7天期银行间市场回购利率（DR7）、商票承兑量（SC）、商票贴承比（TC）、票融增量（PR）和贷款增量（DK）八个变量进行数据统一口径处理，并根据商票贴现收益率量化模型（1），通过计量经济学软件Eviews10.0导入2016年1月到2019年6月共42组月度样本观测数据，可导出多元线性回归结果。

可得多元线性回归方程如下：

$$Y=5.0931-0.0130CPI+0.0673PPI+0.1959CD1+0.3290DR7-0.0001SC-2.3528TC+0.0001PR+1.36e\text{-}06DK+\mu \quad (2)$$

其中，*CPI*表示消费者价格指数同比增量，*PPI*表示生产者价格指数同比增长，*CD*1表示1个月期同业存单利率，*DR*7表示7天期银行间市场回购利率，*SC*表示每月商票承兑量，*TC*表示每月商票贴现量与承兑量的比值，*PR*表示每月票融增量，*DK*表示每月贷款增量。

由于多元线性回归方程（2）中的变量*CPI*、*DR*7、*SC*和*DK*的t统计量所对应的p值大于20%，利用Eviews10.0选择以显著性水平p值作为判别依据、设置检验水平为1%进行自动逐步回归，可通过计量经济学软件Eviews10.0导出修正后的多元线性回归结果。

可得如下多元线性回归方程：

$$Y=5.8456+0.2316CD1-2.6336TC+0.0001PR+0.0813PPI \quad (3)$$

s.e.=（0.5556）（0.0799）（0.7138）（0.0000）（0.0205）

P=（0.0000）（0.0063）（0.0007）（0.0001）（0.0003）

$R^2=0.8366$　　Prob (F-statistic)=0.0000

其中，*PPI*表示生产者价格指数同比增长，*CD*1表示1个月同业存单利率，*TC*表示每月商票贴承比，*PR*表示每月票融增量。

因此，利用2017年1月至2020年6月度样本数据对计量模型（2）用逐步回归法进行修正，可得修正后的商票贴现收益率量化模型：

$$Y=C_1+C_2CD1+C_3TC+C_4PR+C_5PPI+\mu \quad (4)$$

其中，*Y*表示票据市场收益利率，*C*表示各变量对应的常数，μ表示外部影响因子随机扰动项。

（三）模型预测分析

预测是建模的目的之一，本文为了更加准确地了解商票贴现收益率的波动趋势，运用VEC模型对各时间序列进行静态预测分析，预测结果导出如图5所示。

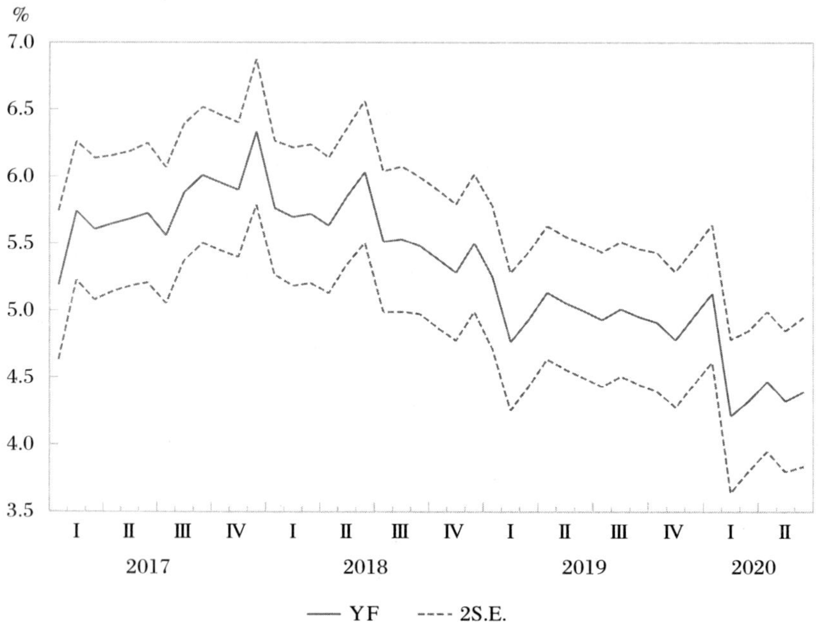

图5 商票贴现收益率模型预测走势

四、商票收益率量化模型实证分析

（一）单位根检验

为了避免上述模型分析中可能出现的伪回归，在进行格兰杰因果检验以及协整分析之前，利用Dickey和Fuller（1981）提出的考察残差项序列相关的ADF检验法对各个变量进行单位根检验，以确定原变量序列的平稳性，其中滞后阶数按AIC和SC最小的原则选取。

利用计量经济学软件Eviews10.0依次对五大变量进行单位根检验，检验结果具体如表1所示。

表1　模型中各变量的单位根检验结果

变量	检验类型（C,T,L）	ADF检验统计量	1%临界值	5%临界值	10%临界值	结论
Y	（C,0,0）	−0.3756	−3.6010	−2.9350	−2.6058	I(1)
$CD1$	（C,0,0）	−0.5512	−3.6329	−2.9484	−2.6129	I(1)
TC	（C,0,0）	−2.5858	−3.6010	−2.9350	−2.6058	I(1)
PR	（C,0,0）	−3.2869	−3.6010	−2.9350	−2.6058	I(1)
PPI	（C,0,0）	−0.5615	−3.6105	−2.9390	−2.6079	I(1)
ΔY	（C,0,1）	−6.6972	−3.6056*	−2.9369**	−2.6069***	I(0)
$\Delta CD1$	（C,0,1）	−5.9936	−3.6329*	−2.9484**	−2.6187***	I(0)
ΔTC	（C,0,1）	−7.0798	−3.6056*	−2.9369**	−2.6069***	I(0)
ΔPR	（C,0,1）	−5.5280	−3.6105*	−2.9390**	−2.6079***	I(0)
ΔPPI	（C,0,1）	−5.6866	−3.6105*	−2.9390**	−2.6079***	I(0)

注：1. 检验形式（C，T，L）分别表示单位根检验方程中包括的常数项，时间趋势和滞后阶数；
2. *、**、***分别表示在1%、5%和10%的显著性水平下拒绝原假设，即时间序列是平稳过程。

根据表1中的单位根检验结果表明，时间序列Y，$CD1$，TC，PR和PPI都是非平稳序列I(1)，经过一阶差分后，$\Delta CD1$，ΔTC，ΔPR，ΔPPI及ΔY在1%显著性水平下均为平稳序列I(0)，因此在1%显著性水平下各时间序列均为一阶平稳。

（二）格兰杰因果检验

格兰杰因果关系实质上是利用了VAR模型来进行一组系数显著性检验。格兰杰因果关系可以用来检验某个变量的所有滞后项是否对另一个或几个变量的当期值有影响。为了判断$CD1$、TC、PR、PPI和变量Y之间是否存在因果关系，从而判断将变量加入模型的必要性，我们需要对这4个变量进行格兰杰因果检验。由单位根检验可知，在1%显著性水平下各变量时间序列均为一阶平稳，由于格兰杰因果检验只能对平稳序列进行，因此对各时间序列的一阶差分进行格兰杰因果检验。又因为格兰杰因果检验对设定的滞后阶数比较敏感，所以在对*CD*1、*TC*、*PR*、*PPI*和变量*Y*之间进行因果关系检验之前，须要利用AIC和SC准则对不同滞后期的检验结果进行评价，以确定各变量的滞后阶数，在这里仍以AIC和SC取最小的原则选取。

利用计量经济学软件Eviews10.0依次对*CD*1、*TC*、*PR*、*PPI*和变量*Y*之间进行因果关系检验，检验结果具体如表2所示。

表2　模型中各变量的格兰杰因果检验结果

检验项目	样本量	X^2值	p值
*CD*1不是*Y*的格兰杰原因	39	3.1662	0.0377
*Y*不是*CD*1的格兰杰原因	39	0.1153	0.9505
*TC*不是*Y*的格兰杰原因	39	3.6677	0.0358
*Y*不是*TC*的格兰杰原因	39	0.4928	0.6151
*PR*不是*Y*的格兰杰原因	39	3.1603	0.0285
*Y*不是*PR*的格兰杰原因	39	0.4846	0.7469
*PPI*不是*Y*的格兰杰原因	39	3.7895	0.0324
*Y*不是*PPI*的格兰杰原因	39	2.5977	0.0887

从VAR模型的统计显著性检验结果可以看出，反映宏观基本面的生产者价格指数同比增长（*PPI*）、反映资金面的同业存单利率（*CD*1）以及反映商票贴现市场供需的商票贴承比（*TC*）、票融增量（*PR*）的变动是商票贴现市场收益率（*Y*）变动的格兰杰原因，其中p值分别为0.0324、0.0377、0.0358和0.0324，可见这个格兰杰原因在置信水平5%下均是非常显著的，生产者价格指数同比增长（*PPI*）、同业存单利率（*CD*1）、商票贴承比（*TB*）和票融增量（*PR*）的滞后期能够非常显著地解释或者预测商票贴现市场收益率的变化情况（*Y*）。而反过来并不成立，即商票贴现市场收益率（*Y*）的变动并不是生产者价格指数同比增长（*PPI*）、同业存单利率（*CD*1）、商票贴承比（*TB*）和票融增量

（*PR*）变动的格兰杰原因，即商票贴现市场收益率（*Y*）的滞后期不能够解释或者预测生产者价格指数同比增长（*PPI*）、同业存单利率（*CD*1）、商票贴承比（*TB*）和票融增量（*PR*）的变动，这种检验结果和本文的理论预期是高度一致的。因此说明，从中短期来看，反映资金面的同业存单利率（*CD*1）、反映商票贴现市场供需的商票贴承比（*TC*）、票融增量（*PR*）和反映宏观基本面的生产者价格指数同比增长（*PPI*）变量是研究商票贴现市场利率的最重要的变量，将这四大变量引入量化模型中是非常必要的。

（三）协整检验

格兰杰因果检验表明*CD*1、*TC*、*PR*、*PPI*和变量*Y*之间存在着一定的因果关系，但因果关系在很大程度上受到滞后期数的影响，因此本文有必要确定这些变量之间是否存在长期均衡关系。由ADF单位根检验可知，在1%置信水平下，变量指标*CD*1、*TC*、*PR*、*PPI*和*Y*均为一阶平稳序列，这表明可以进行协整检验，因此本文通过对时间序列做协整分析来确定它们之间是否存在长期的稳定关系。我们根据AIC最小化原则选择协整滞后区间为滞后1期，运用Johansen–Juselius检验对5个变量的时间序列进行协整分析，利用最大特征值以及迹统计量进行协整个数检验。

原假设None（不存在协整关系）下计算的迹统计量的概率p为0.0008，可以拒绝该原假设，认为至少存在一个协整关系；下一个原假设At most 1表示最多有一个协整关系，该假设下计算的迹统计量的概率p为0.0571，因此，本文认为在5%置信水平下，*CD*1、*TC*，*PR*和变量*Y*之间存在1个协整关系，经标准化后的协整关系式如下：

$$Y=0.1195CD1-4.7962TC-0.0001PR \tag{5}$$

从协整方程（5）中不难发现，时间序列间存在着协整关系，系数符号均符合理论预期，若*CD*1上升1%，则*Y*上升0.1195%；若*TC*每上升1%，则*Y*下降4.7962%；若*PR*上升1%，则*Y*将下降0.0001%，这表明反映中短期资金面的同业存单利率（$CD1$）和反映商票贴现市场供给的商票贴承比（TC）的波动对商票贴现市场收益率均具有较强的正向影响；而反映票据贴现市场需求的票融增量（PR）的波动对商票贴现市场收益率具有较强的负向影响。

（四）向量误差修正模型

协整关系只能说明各个解释变量之间的长期均衡关系和趋势，但无法明确$CD1$、TC、PR和变量Y之间的相互关系，本文基于变量之间存在的协整关系，进一步建立将短期波动与长期均衡联系在一起的向量误差修正模型（VECM），从而明确它们之间存在的影响是正向、逆向或者是双向的。本文通过计量经济学软件Eviews10.0对时间序列设定VAR Specification，并输出VECM模型结果，在VEC模型中协整关系表达成误差修正项的形式：

$$CointEQ1 = 0.1463CD1 - 3.7680TC - 0.0002PR - 6.9470 \quad (6)$$

该误差修正项的表达式与Johansen–Juselius协整检验中得到的协整关系式系数的正负向是一致的，只是在Johansen–Juselius协整关系中加入了常数项，导致系数估计值略有差别。VEC模型中的解释变量不是原序列而是原序列的差分序列（以D表示），因为原序列是非平稳序列，差分后平稳保证了VEC模型的整体稳定性。VEC模型的解释变量是各个因变量的滞后项，这与VAR的结构完全相同，根据输出结果得到本文的VEC模型：

$$\begin{aligned}&\Delta Y_{t-1} = [5.76, -6.22, 3.24]\, CointEQ_{t-1} + \Delta Y_{t-1} + \Delta Y_{t-2} + \Delta Y_{t-3} + \theta + \varepsilon t \\ &\Delta Y_t = [\mathrm{D}(CD1), \mathrm{D}(TC), \mathrm{D}(PR)]\end{aligned} \quad (7)$$

五、商票收益率量化模型实证研究结论

本文创新引入商票贴承比和票融增量等变量，并利用2017年1月至2020年6月的月度指标共42组样本数据，对商票贴现收益率理论模型进行模型修正与预测分析，并对修正后的商票贴现收益率量化模型进行实证研究分析，主要结论

如下：一是在全球经济受新冠肺炎疫情影响下，国内经济恢复面临较大压力，但在后疫情时代良好的政策和市场环境下商票贴现业务将迎来新的发展机遇，2020年上半年商票贴现余额均创历史新高，短期融资商票化、供应链融资商票化和商票类债券化发展趋势将越来越显著。二是近年来随着商票贴现业务的不断发展，票交所商票兑付规则的变化导致已贴现的商票信用等级不断趋同于贴现行信用，商票贴现的资金属性越来越显著，因此商票贴现收益率与资金价格高度相关，且与同业存单利率相关性尤为显著。从协整方程（5）中可看出商票贴现收益率的变化受资金面的影响相对较大，同业存单利率每提升1个单位，票据市场收益率将上涨0.1195个单位。三是商票贴承比在一定程度上可反映商业银行主动发展商票贴现业务的意愿强度，随着商票贴承比的提升，商业银行营销商票贴现意愿增强将导致商票贴现收益率下行，因此商票贴承比与商票贴现收益率成负相关关系。从上文协整方程（5）中也可以看出，商票贴承比每增加1个单位，票据市场收益率将下降4.7962个单位。四是通过对$CD1$、TC和PR三大重点指标的监测预估以及向量误差修正模型滞后项推导，可根据本文中的商票贴现收益率量化模型预测未来一段时间的商票贴现收益率的波动趋势，并根据商票贴现收益率预测值通过布局商票贴现市场交易策略调整仓位和期限结构来实现超出市场预期的收益。例如，商票贴现收益率在未来一段时间预测值下降，则可通过增加商票资管余额、适当降价引导企业通过商票贴现融资和转贴买入长期商票资产的三种商票交易模式增加商票持票规模，同时通过直贴或转贴买入长期限商票和转贴卖断短期票（含托收票）拉长商票资产加权平均剩余期限，在商票贴现收益率预测值触底反弹时卖票减仓实现超市场预期的收益。

参考文献

[1] 汤莹玮，吴小蒙．商票在供应链金融中的应用 [J]. 中国金融，2019(5): 86–87.

[2] 汪武超，林竹青，王鹏程．票据利率分析方法及量化预测模型 [J]. 中国票据市场研究，2020(2):67–79.

[3] 薛英龙．银行间市场存款类机构以利率债为质押的回购利率作为我国基准利率的可行性研究 [D]. 上海：华东师范大学，2018.

[4] 杭明．票据转贴现价格的影响因素分析 [D]. 杭州：浙江大学硕士学位论文，2017.

[5] 王琳．票交所时代的票据市场展望 [J]. 全国流通经济，2017(4):63–64.

[6] 赵慈拉．票交所将创建票据信用生态环境 [N]. 第一经济日报，2016–12–08.

[7] 刘泉江．规范发展票据市场迎历史性转折 [N]. 金融时报，2017–02–23.

[8] 江西财经大学九银票据研究院课题组．新的变化趋势下如何推进票据市场的发展 [N/OL]. 九银票据研究院，2017–06–29 [2021–07–17] www.geron–e.com/info/259.

[9] 李明昌．我国票据市场发展出现“四化”趋势 [N]. 上海证券报，2017–01–15.

[10] 肖小和．票据市场发展趋势：差异化业务创新 [N]. 上海证券报，2015–02–17.

[11] 郃友会．电子商业汇票业务发展的观察、分析与思考 [J]. 金融会计，2016(10):52–56.

[12] 江西财经大学九银票据研究院课题组．票据市场出现变局，业内专家深圳论道 [Z]. 九银票据研究院，2017–06.

金融基础设施业务直连接口案例分析

潘隆禧[①]

［摘　要］ 金融基础设施的业务处理信息系统是典型中心化系统，所有登记、流转、交易、清算等终态业务处理逻辑都在金融基础设施中心端完成，所有数据以中心端的记载为准，会员机构端仅记录中心端处理结果。金融基础设施开展业务系统建设，为会员机构提供系统服务存在两种模式：客户端模式和直连接口模式[②]。客户端模式使用简单快捷，不提供行内系统直通连接功能（STP），会员机构无软件开发和升级改造成本。直连接口模式提供系统之间直通连接功能，但需要通过软件开发方式实现，使用和升级改造成本较高。直连接口应该在何种情况下使用以及如何使用？为回答此问题，本文主要从金融基础设施直连接口建设案例特点来分析直连接口建设规律，并就票据系统直连接口建设提出参考建议。

［关键词］ 金融基础设施　直连接口建设

① 作者简介：潘隆禧，供职于上海票据交易所清算部。

② 直连接口模式是指中心端系统向会员机构系统提供数据调用接口使两端系统数据直通，客户端模式是指中心端不提供数据直通的调用接口，仅向会员机构提供业务操作提交和结果查询的客户端界面。

一、直连接口建设意义

客户端模式不提供会员机构行内系统数据直通通道，如果金融基础设施业务登记、交易、结算等全流程能够在中心端完成，不需要联动行内系统信息处理，则客户端模式可以满足应用需求，我们称这类业务为会员法人机构的自营业务，典型的例子是银行间市场标准化资产交易业务。与会员机构自营业务对应的是代客业务①，客户端人工操作模式难以满足代客业务场景处理的需要。

代客业务通常通过会员机构行内系统网银端发起，而金融基础设施客户端只面向会员机构开放，二者之间数据存在天然“鸿沟”，需会员机构在客户端手工逐笔录入代客业务后再提交至中心端处理，同时根据人工查询结果为客户记账，这种方式一是中断了在线业务流程，二是存在客户身份验证难题，不仅带来了各类操作风险，在高并发场景下几乎是不可能的。另外，近年来线上实时和自动化交易业务快速发展，这类业务开展的前提都是必须能够自动同步数据，能够根据数据建立自动化交易模型，涉及不同系统之间数据交互时必然要求提供数据直通接口。

直连接口能完成客户端模式“难以胜任”的任务，直连接口和客户端模式适应的不同应用场景如表1所示。

表1　两种系统服务模式的业务应用场景

模式	应用场景
客户端	会员机构自营业务
直连接口	（1）代客或自营业务，（2）在线业务，（3）自动化交易业务

① 代客业务是指用户端（会员机构）为其服务的客户提供系统服务，与机构自营业务不同，如电票系统中银行和财务公司为企业客户提供票据服务，支付系统中银行为个人或企业提供跨行资金汇划业务。

二、直连接口建设标准

上一部分分析了客户端和直连接口模式的不同应用场景。本部分继续分析什么样的直连接口才是“好”的直连接口。直连接口建设分为首次建设和再次改造，再次改造是中心端和会员机构之间已建设完成的直连接口再次升级。假设直连接口建设完成以后中心端和会员端再次改造成本是COST，且已经有N家会员机构开展直连接口建设，则全市场直连接口再次改造成本：

$$全市场改造成本=(N+1)COST$$

一套“好”的直连接口标准或者方案是在建设时就应考虑最小化全市场再次改造成本，也就是最小化N和COST。其中N（直连会员个数）对应的是直连接口推广策略，COST对应的是直连接口改造难度。直连接口耦合性是接口改造难度的直接度量，直连接口耦合性越强，表明其独立性越差，同时升级改造难度越大。耦合的强弱取决于调用接口的方式以及通过接口传送数据的方式等因素，与以下几个性质直接相关。

（一）数据交互同步性

直连接口之间数据交互可分为同步和异步交互两种方式。同步交互是一方发送一个数据请求，请求方需要等待对方返回数据结果，然后才能够发送下一个请求。而异步无须等待对方返回结果就可以发送下一个请求或者干其他事情。异步消息传输模式相比同步模式大幅度降低了直连接口之间耦合程度，能够提供更大的灵活性和更高的可用性，在实际直连接口建设应用中使用较为广泛。

（二）接口调用方式

使用直连接口存在两种方式：一种是直接调用接口（以下简称API调用），另外一种是通过数据语义驱动软件程序的业务处理逻辑（以下简称数据驱动）。API方式由使用端直接在软件程序中调用，两端软件程序强绑定。数据驱动方式将软件程序调用接口语义逻辑转化成格式化数据，解耦了两端软件程序强绑定关系，实现了软件程序逻辑层和数据层分离，降低了运行时耦合性。

（三）接口模块独立性

软件设计中通常用耦合度和内聚度作为衡量功能模块独立程度的标准，划分模块的一个准则就是高内聚低耦合，这是指相关度比较高的功能应尽可能地集中在一个模块，不要分散，而不同功能模块之间应该尽量地独立，减少依赖。直连接口同样适用这个原则，通过划分不同模块的直连接口使一个功能模块的接口子集变化不影响另外一个功能模块，能够减少接口之间依赖性从而降低再次升级改造难度。

综上所述，在最小化全市场直连接口再次改造成本的目标函数约束下，“好”的直连接口标准应是采取了最优推广策略，实现了数据异步传输、数据语义驱动和模块化。

三、直连接口案例分析

各个金融基础设施基于自身业务和参与机构特点进行了直连接口功能建设，不同业务特点下的直连接口建设方案大体遵循前文所述原则，下面分析四个具备代表性直连接口建设案例。

（一）支付系统直连接口建设

支付系统主要为个人或单位银行账户提供跨行资金汇划服务，是典型的代客业务。从推广策略上，支付系统全部采用直连接口，不向直接参与者提供客户端模式。

从模块划分上，支付系统直连接口主要包括大额支付系统（HVPS）、小额支付系统（BEPS）、网上支付跨行清算系统（IBPS）三大核心应用系统报文交换标准，不同系统接口独立，可以分别单独接入，同时还划分CCMS公共控制模块和SAPS后台清算模块，各个模块之间保持低耦合。

从接口方式上，支付系统报文实现由异步数据报文触发业务处理逻辑，避免直接API方式调用接口，降低了接口耦合性，有利于大并发支付业务处理。支付系统汇兑业务涉及发起方和接收方共同参与（见图1），多方交互的数据须具有严格字段格式约束和语义可读性，支付系统XML报文通过标签的嵌套结构给多方用户提供了一种良好的组织数据的方式，较好满足了这一需求。

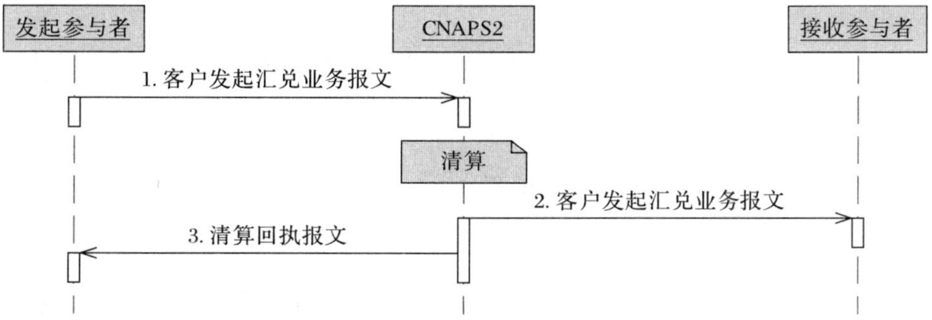

图1　支付系统汇兑业务流程

（资料来源：《第二代支付系统报文交换标准V1.4.8》）

（二）支付宝第三方账户支付直连接口建设

支付宝第三方账户支付业务是为客户在互联网B2C网站购物等特定业务场景下提供同步资金结算服务，类似支付系统提供即时转账第三方代理功能来实现券款对付（DVP）业务，是线上实时业务应用的代表，解决了线下转账（FOP）时效不高的问题，从推广策略上，只能通过直连接口来达成目标。

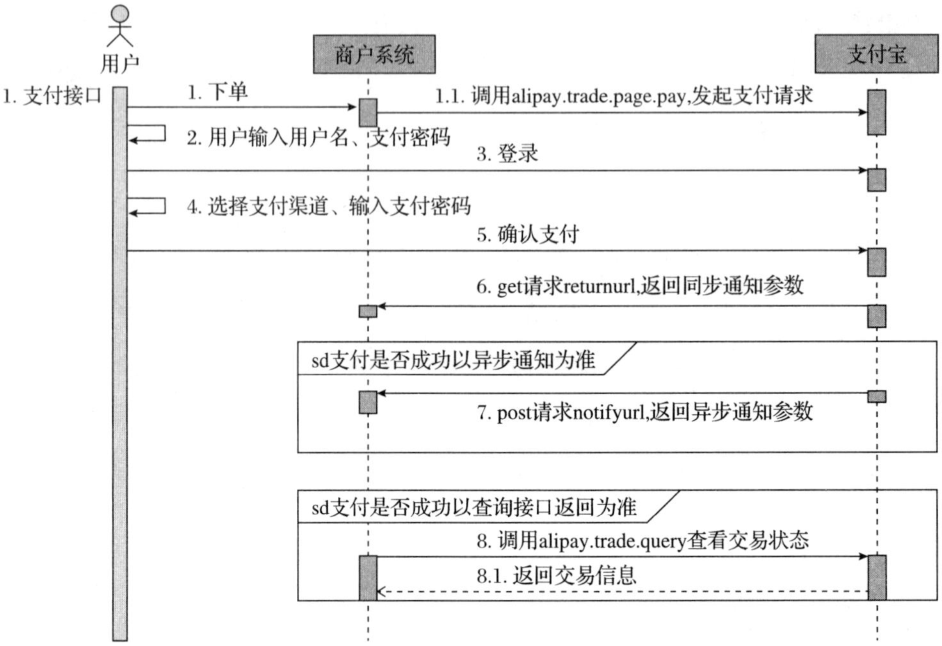

图2 支付宝B2C网站账户支付流程

（资料来源：http://open.alipay.com/）

支付宝向B2C网站提供统一收单下单并支付页面接口API（alipay.trade.page.pay，以下简称支付页面接口），与手机、二维码支付接口分开，从接口方式上，API方式调用耦合程度较高，这种方式适用于功能相对稳定、改造需求较少的网站支付业务。支付宝支付页面接口同时支持notify_url异步通知和return_url同步通知两种支付结果通知方式，但为保障客户体验，最终支付结果必须以notify_url异步通知或查询接口返回为准。

（三）上海证券交易所直连接口建设

上海证券交易所（以下简称上交所）主要通过证券公司（会员机构）向股民提供证券交易服务，属于实时代客业务，全部采用直连接口提供服务，未提供客户端模式。上交所根据业务类型和业务模式的不同，划分为竞价撮合平台、综合业务平台、期权业务平台、港股通平台、固定收益平台等互换数据接口标准，不同业务直连接口之间相互独立。

上交所直连接口数据传输采取基于自定义应用层协议的消息传输模式，在具体实现方式上，会员机构（证券公司）将符合STEP或者FIX应用层协议的消息体封装成数据库表字段来实现与上交所异步交换数据。以竞价撮合交易平台为例，其系统结构如图3所示。

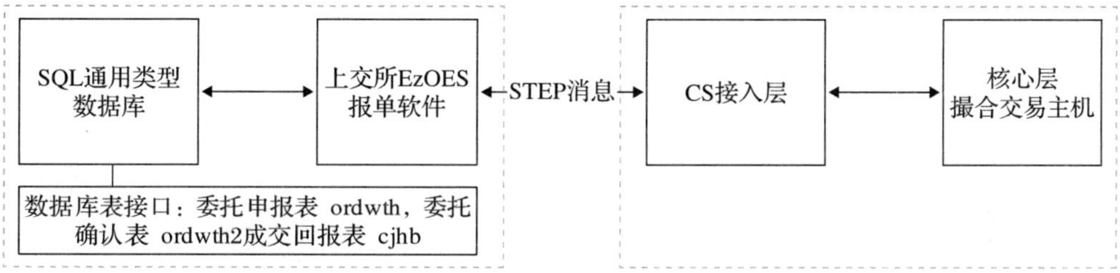

图3 竞价撮合交易平台系统结构

会员机构端定义了三张数据接口表：申报表、委托确认表和成交回报表，通过数据表接口驱动业务逻辑处理，实现数据语义层独立，在最大程度上降低了接口耦合程度和会员开发升级的难度，充分发挥了其中央对手方标准化批量业务优点。

（四）外汇交易系统直连接口建设

外汇市场业务主要是法人机构自营业务，多数会员机构业务量不大，所以从推广策略上，外汇交易系统仅向做市商等较大法人机构或者自动化交易机构提供直连接口，向中小银行提供服务以客户端模式为主，减少市场升级改造成本。

外汇系统交易直连接口使用API方式，消息传输采取基于应用层协议的模式，接口耦合程度较高。为降低接口之间耦合依赖，交易中心对外接口服务体系按功能分为七大类接口［用户认证接口、交易接口、交易辅助接口、成交回报接口（CSTP接口）、交易后处理接口、信息订阅接口、风险管理接口］，市场参与者可以应用接口完成交易全生命周期管理。

表2总结了上述几种案例直连接口综合耦合度：

表2　四种直连接口建设案例特点

案例	直连/客户端	调用方式	同步/异步	直连接口独立性	直连接口耦合性	直连升级难度
支付宝网站支付接口	直连	API	二者结合	高	高	高
外汇交易直连接口	二者结合	API	异步	高	高	高
支付系统直连接口	直连	数据驱动	异步	高	中	中
上交所直连接口	直连	数据驱动	异步	高	低	低

四、票据系统直连接口建设建议

中国票据交易系统（以下简称交易系统）直连接口囊括了纸票和电票二级市场报价交易、登记托管、清算结算等全量业务功能，已经成为会员机构办理业务主渠道，承担着票据系统功能完善和创新产品服务直达会员机构的使命，具有重要战略意义，结合其他金融基础设施直连接口建设经验，对未来票据系统直连接口建设提出如下优化建议。

（一）区分票据支付和交易业务的差异特点，采取不同直连接口推广策略

票据一级市场承担为企业提供票据融资和支付服务，企业主要通过接入机构网银进行操作，业务并发量大。与其他支付类金融基础设施一样，其业务特点决定票据一级市场应该全部采用直连接口提供系统功能服务，同时保持功能稳定性，业务较少的会员机构可以通过集中直连接入方式加入票交所。票据二级市场主要为银行间或金融机构之间自营交易业务，二级市场交易业务笔数不大，对于技术能力不强的会员机构，应考虑主要通过客户端模式提供服务，既能节省成本，又能避免其在直连接口升级改造中“掉队”。

（二）优化直连接口功能模块划分，减少直连接口耦合性

目前，交易系统已经按照报价交易、登记托管、清算结算、信息服务等功能模块划分直连接口，未来还将集成整合票据一级市场出票、背书、贴现、保证等功能，成为集票据前、中、后台功能于一体的复杂业务系统。全流程业务增加了模块之间关联关系，为降低未来直连接口升级改造难度，交易系统直连接口可按照一、二级市场业务功能目标差异进一步优化直连接口模块划分，使一、二级市场功能之间直连接口相互独立，保持模块子集较高内聚性和独立性。

（三）建立标准和规划，提高直连接口统筹规划能力

已上线直连接口再次改造可能存在数据迁移等关联依赖[①]问题，为全市场后续直连接口升级增加了工程实施难度。直连接口建设需要在综合比较成本、业务特点、业务量以及技术升级改造频率基础上慎重开展建设，票据系统直连接口建设不应局限于当前业务功能和目标的完成，而应当根据票据业务发展长期发展目标建立直连接口标准和规划，统筹规划业务功能建设和直连接口升级频率。

（四）尝试提供统一互联网服务直连接口

依托票据业务核心系统，票据市场建立了票据贴现信息撮合、票据在线支付等外围信息系统，这些外围系统具备更多互联网在线属性。由于票交所暂时不直接提供互联网服务接口，只能依赖银行合作金融机构向使用者提供互联网入口。票交所未来可以尝试提供统一互联网服务直连接口，向直接使用者提供服务，减少中间环节以及银行合作金融机构的开发工作量。

---

① 关联依赖是指金融基础设施系统在进行核心功能升级改造时，使用直连接口的市场机构存在“齐步走”工程实施难题，导致先后分批推广的市场机构之间存在新旧业务数据转换或者业务数据分割难题需解决。

票据业务主体风险画像研究

杨　炳　王丽波[①]

［摘　要］ 贸易背景审查是控制票据承兑和贴现业务风险的重要环节，审查合同发票作为目前审查贸易背景的主要手段，有两个缺点，一是资料繁杂，银行审查费时费力，二是仅通过合同发票较难识别中介客户或关联企业。本文采用Python程序提取票据背书信息，进行大数据处理，构建背书企业的社会网络模型，具有梳理供应链关系、识别中介客户、发现关联客户等功能，为票据管理者提供一种全面、高效和可视化的贸易背景审查新工具。

［关键词］ 背书网络　贸易背景　大数据　可视化

一、引言

贸易背景审查是控制票据承兑和贴现业务风险的重要环节。传统的审查贸易背景的方式是审查合同发票、资金流向等。人民银行在2016年的《关于规范和促进电子商业汇票业务发展的通知》（银发〔2016〕224号）中，取消了对

① 作者简介：杨炳，中国邮政储蓄银行浙江省分行、票据交易员；王丽波，中国邮政储蓄银行浙江省分行、省分行金融同业部副总经理。

票据贴现合同发票的审查，但部分银行依然在贴现时审查合同发票，这一方面反映了银行对贸易背景审查的重视，另一方面也反映了银行在审查合同发票之外，缺乏其他对贸易背景审查的有效措施。

审查合同发票作为目前审查贸易背景的主要手段，其缺点非常明显。一方面，合同发票审查费时费力，尤其是对于小面额票据，审查成本过高，导致银行在挑选票面金额上往往只能舍小逐大，以至于不能有效支持小微企业融资，也不符合当前市场的小票化趋势。另一方面，部分小微企业票据具有真实贸易背景，但由于没有合同发票导致不能办理贴现。相反，某些不合规企业却常常可以通过虚开合同发票，伪造贸易背景进行承兑或贴现。随着票据业务全面电子化、互联网化，以及标准化票据、供应链票据等多元融资渠道的开通，票据的融资效率大大提高。这给企业带来了便捷，但是也对银行的贴现和承兑业务提出了新的挑战：既要做好贸易背景审查，又要提高效率，满足客户越来越高的融资时效性需求。

银行也在积极寻找新的贸易背景审查方法，解静和田奇慧（2015）在《商业银行发展供应链电票融资的现实意义》中提出，在供应链电票的贸易背景审查中，银行可以通过第三方平台和互联网承载的企业内部和上下游企业间的各项资源（主要包括物流、信息流和资金流）的大量信息的分析和挖掘，来把握交易背景的真实性。这是借助互联网大数据来审查贸易背景的一项创新，但传统电票缺乏类似基础设施。

本文提出使用社会网络模型来分析票据背书企业的关系，辅助审查贸易背景。社会网络模型是一种利用图的特性的数据挖掘方法，与基于数据属性的经典挖掘方法不同，它更注重挖掘个体间的关系。社会网络模型可以用公式G =（V，E）表示，G为网络模型，V为节点（在本模型中代表某个企业），E为边（在本模型中代表背书关系），具有方向性。每个节点连接边的数量叫做度。度越大，代表这个企业在网络关系中越重要。在审查企业的贸易背景时，从社会网络关系角度对企业群体进行研究比对单个企业进行审查更具说服力。

同时结合Python程序进行数据分析，具有实时监控风险、快速实现数据可视化和进行大数据处理的优势。

二、建立背书关系网络

每张已贴现票据涉及最基本的企业包括出票人、收款人和贴现人，其中贴现人与收款人有可能为同一个企业。银行出票人和收款人涉及银行承兑，而贴现人是从银行融资，所以这几个企业是审查票据贸易背景的关键企业。忽略中间环节的背书企业，虽然背书路径不完整，但可以减少计算资源，扩大票据的分析数量，大量票据的叠加计算，集中分析关键企业比分析所有背书企业更有意义。所以本模型仅选取背书中的出票人、收款人和贴现人来构建背书网络。

如何将票据的表格型数据转化成背书网络？例如，表1是某张已贴现票据清单中的背书企业和票面金额信息，可以绘制成图1的关系图。仅分析一张票据，图的优势并不明显，但将票据数量叠加到几万张，网络图能比表格更直观地查找和分析客户关系。

表1　一张已贴现票据的部分信息

出票人	收款人	贴现人	贴现金额
A企业	B企业	C企业	10000000元

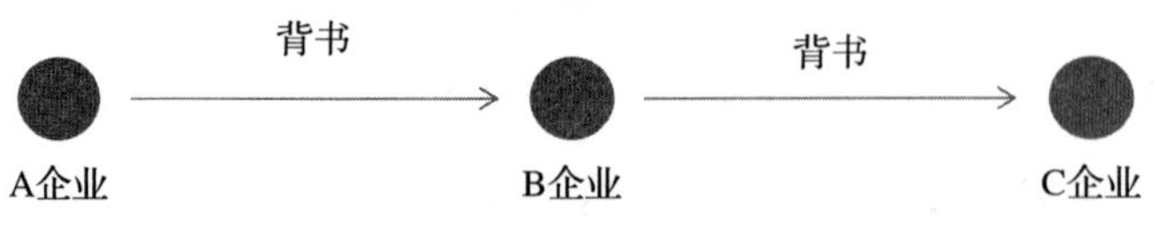

图1　一张已贴现票据的背书企业关系

本模型使用Python作为数据分析后台，对原始的清单数据进行处理，使用HTML5和百度的ECharts制作前台展示界面（可以实现网络图的缩放，鼠标放置在节点上能显示企业名称、票面金额等标签信息），采用有权重有方向的社会网络模型。节点和边都以票面金额来设置权重，边的权重以透明度表示，金额越小，线条越透明；节点的权重以面积表示，金额越大，面积越大；此外，增加节点的形状属性，正方形代表一般背书企业，三角形代表本行贴现客户，圆形代表在多个地区办理过贴现业务的客户，需要重点关注。

三、通过背书网络识别贸易背景

本模型具有5种功能，以某银行在某个阶段的已贴现票据明细为例进行分析。

（一）功能一：绘制企业关系全景图，把握整体风险

通过功能一可以查看某个阶段所发生业务中，重要企业网络的全景图，如图2所示。重要企业即上文所说的重要节点，本模型将企业按照度的大小排序，度大的代表背书关系比较复杂，更适合用网络来分析其贸易背景。管理者可以自行设置参数，选取前几个度比较大的节点绘制网络图。管理者通过图2，可以对本行的整体背书企业情况有直观的了解。发现自己的客户分别属于哪些大企业的“派系”，哪些企业用票据支付多，哪些企业接受票据多。例如，图2中1号区域中心位置的三角形节点是代表一个接受背书来源非常多的贴现客户，边上的正方形点都是它的背书来源企业，代表背书方向的箭头由于叠加太多，变成了一个围在中心客户边上的环形（可以根据需要来放大查看细节）；而2号区域中心是一个发出背书较多的企业，看起来更像是一个用票据作为支付手段的供应链核心客户。

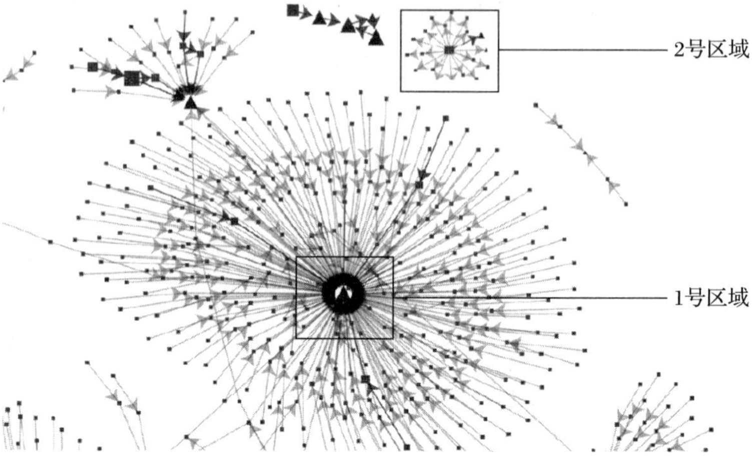

注：箭头代表背书方向，颜色越深，金额越大；圆点代表企业，面积越大，金额越大。

图2 重要企业网络全景

（二）功能二：单个企业查找，发现其在供应链中所处位置

管理者可以输入关键词，单独查找某个目标企业的网络关系，深入了解企业客户，进而发现其供应链中的核心企业。如图3是查找与某个企业具有直接背书关系的网络图，通过遍历整个票据库查找与该企业处于直接供应链关系上的所有企业。图4是查找与某个企业的直接或间接背书关系的网络图，可以跨越多条供应链关系。因为企业的间接背书关系一般更为复杂，如果遍历整个票据库的话，这个网络可能非常大，所以在绘制这个网络图时，管理者需要自行设置一个参数，代表查找的深入程度，这个参数越大，涉及企业就越多，网络图也越复杂。

小微企业票据的单笔业务金额小，笔数多，背书企业数量多，企业资质差，银行承兑或者贴现的审查成本相对较高。如果能通过功能二查找单个企业的关系网络，定位到企业所处供应链，进而查找到供应链中的核心企业，便于银行针对核心企业开展“1+N”模式的营销。更重要的是，让银行对整体风险有所了解，因为供应链核心企业的经营状况，对上下游中小企业有较大的风险

提示作用。所以通过查看其供应链关系，可以让银行跳出单个企业的审查局限，看到其所处的供应链及供应链核心企业的风险，及时进行风险控制。

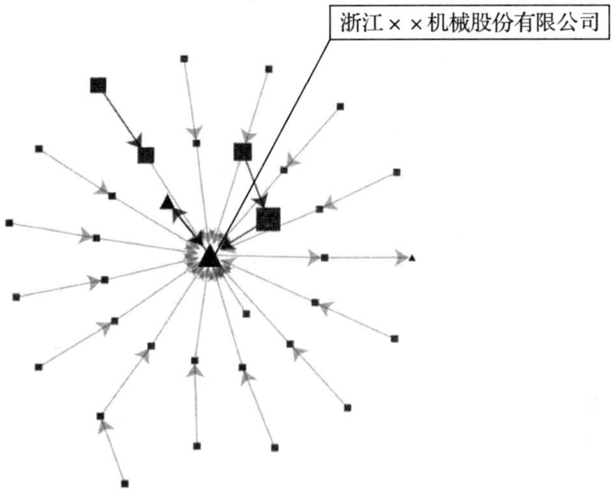

■ 背书企业　▲ 贴现客户　● 多处客户

注：箭头代表背书方向，颜色越深，金额越大；圆点代表企业，面积越大，金额越大。

图3　某企业有直接背书关系的网络

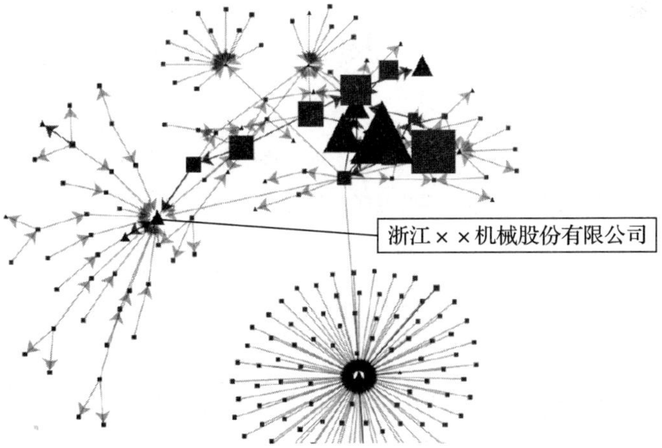

■ 背书企业　▲ 贴现客户　● 多处客户

注：箭头代表背书方向，颜色越深，金额越大；圆点代表企业，面积越大，金额越大。

图4　某企业有直接或间接背书关系的网络

（三）功能三：列出重要前手企业，发现供应链核心企业

功能二是用于单独定位某几个核心企业，而使用功能三则可以批量定位到核心企业。管理者通过功能三，可以查看某个时期业务中的重要前手企业，重要前手企业是指度比较大，并且背书方向多为发出的节点（见图5）。因为核心企业在背书关系上多为前手，所以发现重要前手客户，就是发现了疑似核心客户。管理者通过批量发现核心客户，可以了解本行票据的源头，在某些时点切断风险源头，能够高效遏制业务风险。

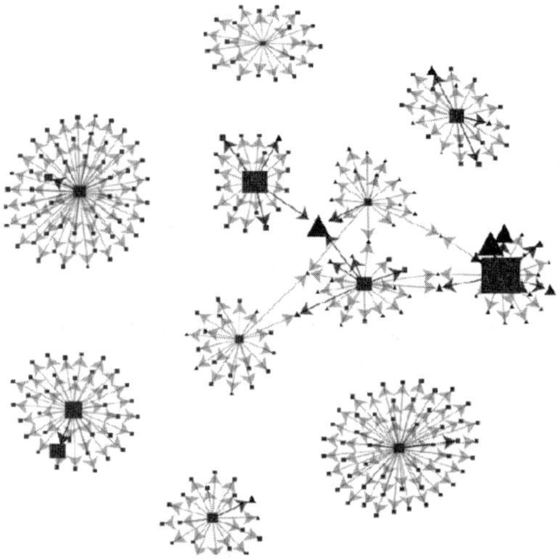

注：箭头代表背书方向，颜色越深，金额越大；圆点代表企业，面积越大，金额越大。

图5　重要前手企业网络

（四）功能四：列出重要后手企业，发现疑似“中介”企业

票据市场中，有些平台企业经营着一些包装户，伪造“真实贸易背景”去银行办理贴现。在互联网时期，这种中介机构通过互联网平台，背书买卖未贴现票据非常普遍。管理者通过功能四，可以查看某个时期已发生业务中

的重要后手企业。重要后手企业是指度比较大，并且背书方向多为接受的节点（见图6）。管理者可以自行设置接收背书数量的参数（如300个），超过这个数值即为疑似“中介”企业，需要进一步查询背书的逻辑关系、企业财务报表等信息。

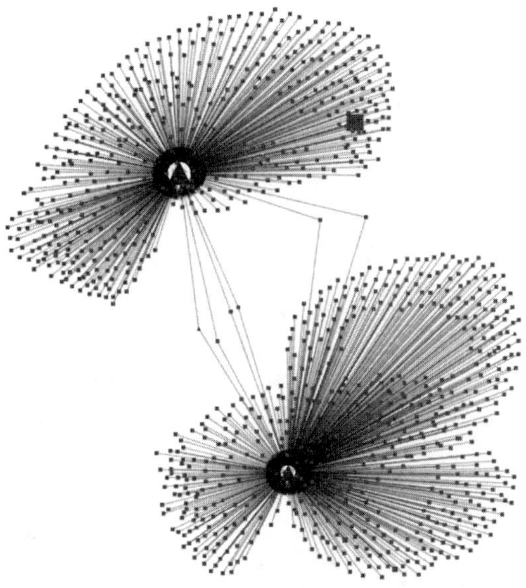

注：箭头代表背书方向，颜色越深，金额越大；圆点代表企业，面积越大，金额越大。

图6 重要后手企业网络

（五）功能五：列出相互背书企业（包括互开互贴企业），识别关联企业的套利融资

在识别关联交易上，背书网络分析，优于单笔业务的贸易背景审查。因为即使单笔业务合规，但从整体业务来看，也可能存在套利融资，资金回流的风险。单笔业务的资金回流非常容易被发现，但多家企业组成背书环，则非常隐蔽。例如，关联公司之间相互开票，轮换“出票人”和“收款人”角色的交易行为，打造表面合规，但实际上相互套利融资。尤其是在某些信贷利率和资金

利率倒挂的时点，虚构贸易背景进行票据套利，将贴现资金回流作为保证金滚动签发票据。这样能给企业带来巨大收益，但导致整个市场利率的大幅波动，严重的则会导致系统性风险。

通过功能五，可以查看某个时期已发生业务中，有相互背书的企业关系图（见图7）。将有相互背书的业务筛选出来，需要进一步审查合同、发票、企业资料以及资金流向等信息，确定是否存在套利融资。如果相关票据开票时间相近，发票标的物并非互为原材料，收款人即贴现人，那就有相对更大的套利融资嫌疑。

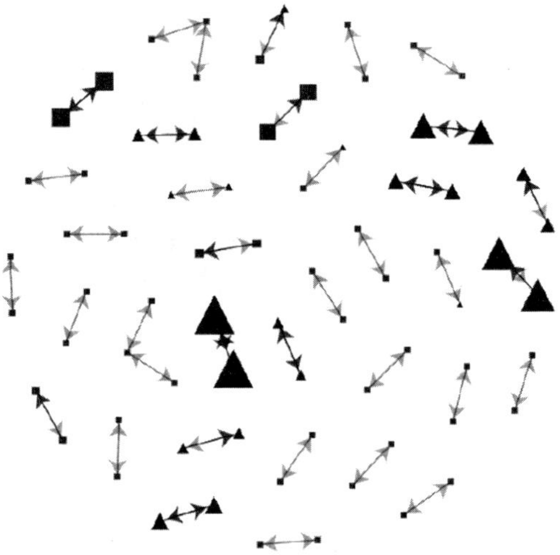

注：箭头代表背书方向，颜色越深，金额越大；圆点代表企业，面积越大，金额越大。

图7 互相背书的企业关系

参与套利融资的企业数量越多，也就越隐蔽。三角、四角组合比两两组合套利就隐蔽得多。管理者也可以根据检查的严格程度调整参数，将三角、四角及以上有互背关系的企业列出来。具体如图8和图9所示。

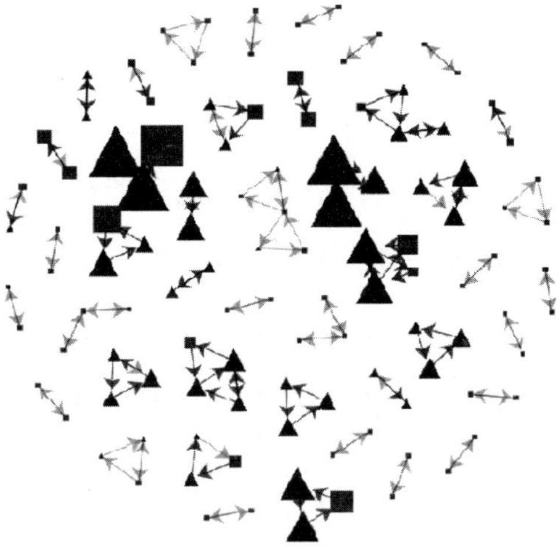

■ 背书企业　▲ 贴现客户　● 多处客户

注：箭头代表背书方向，颜色越深，金额越大；圆点代表企业，面积越大，金额越大。

图8　三角关系及以下的背书企业关系

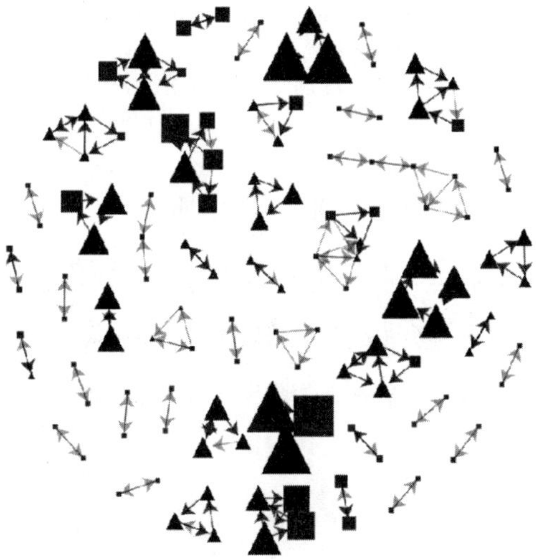

■ 背书企业　▲ 贴现客户　● 多处客户

注：箭头代表背书方向，颜色越深，金额越大；圆点代表企业，面积越大，金额越大。

图9　四角及以下的背书企业关系

四、研究展望

（一）商业银行应扩展自身风险数据库，建立大数据风险预警系统

商业银行不仅可以依托票据背书信息，在合理获取客户信息，注重信息保密的大前提下，还可以利用行内网银的资金划转、客户财务报表等数据，建立多维度的企业客户数据库。商业银行应改造旧的信息管理方式，尽量让纸质数据转变成电子数据，将定性信息转变成定量数据，构建更全面的票据业务大数据风险预警系统。

（二）健全市场的数据监控机制，为会员提供企业查询功能

票交所纸电融合系统上线后，市场全部交易数据都汇集到票交所系统，但各机构掌握的数据还是局限于本机构，无法查询到其他机构的票据业务数据。李明昌等（2020）在《电子化与互联网时期票据业务风险防控新机制》中提出，建议将票交所系统的业务数据（如背书流转信息、资金流向信息等）脱敏后提供查询，以便商业银行能够通过票据大数据来分析客户的票据行为。

本文认为，为保证数据的安全性，票交所无须公开原始背书数据。但自身可以运用所掌握的大数据进行实时市场监控，防止票据市场出现系统性风险。也可以开放一个查询入口，允许会员单独查询风险企业，获取企业的网络关系，为会员在寻找客户和风险控制上提供一个创新工具。

（三）连通票据业务全周期的产品数据，进行更深入的企业行为分析

由于电票市场的便捷性和线上化，让承兑、贴现和资金市场紧密地连接起来，极易出现全市场的套利行为，发生系统性风险。所以各个业务种类，如供应链票据、承兑、贴现、交易、标准化票据、银票、商票都应该使用背书分析技术，建立全周期的数据库，进行更全面的背书网络分析。

（四）采用更多数学统计指标进行大数据的背书分析

本模型运用了数据可视化来呈现背书网络，虽然直观便捷，但是图像所能展示的信息量还是有限的，且对企业分析大多是进行描述性的图像展示，解读网络图还需要有经验的管理者的人工判断，未采用有效的数学指标来说明问题，如网络中心性、聚集率等，这样也限制了更大数据量的分析。后续研究应该更多地思考使用图论中的数学模型来提高算法的效率，还可以加入时间进程的变量，进行市场趋势性研究。

参考文献

[1] 李明昌，汪武超，詹佳燃，电子化与互联网时期票据业务风险防控新机制 [J]. 上海立信会计金融学院学报，2019(1):80−87.

[2] 解静，田奇慧．商业银行发展供应链电票融资的现实意义 [J]. 工程经济，2015(8):110−114.

[3] 秦书卷．金融严监管与票据业务经营转型方向思考 [J]. 金融与经济，2018(8):67−71.

票据业务一体化经营策略研究

谢　晟[①]

［摘　要］ 由于票据具有资金及信贷双重属性，因此传统的票据业务的管理多分散在不同部门，导致票据业务在运营过程中存在割裂的现象。票据业务一体化经营模式可以有效地解决票据业务资金成本过高、业务衔接不畅、操作及推广低效等问题，对于支持中小企业发展、推动票据业务创新、做大做强票据业务意义重大。

［关键词］ 一体化经营　分散化经营　票据交易　贴现

随着上海票据交易所（以下简称票交所）的成立，票据业务基础设施建设不断完善，业务风险逐步出清，票据承兑量及贴现量均得到快速发展。2020年，票据市场业务总量148.24万亿元，其中，承兑22.09万亿元，背书47.19万亿元，贴现13.41万亿元，交易64.09万亿元。同期，短期融资券发行量2.16万亿元，公司债3.36万亿元，至此，票据市场已成为中国货币市场中重要的组成部分。但是由于票据同时具有资金及信贷双重属性，在传统票据业务发展的过程中，各环节被人为切断，存在着管理分散、业务衔接不畅等问

① 作者简介：谢晟，武汉大学博士。

题，在线上化转型的新型票据业务发展的时代，这种分散化经营所带来的问题越发明显。

一、票据业务分散式经营的现实问题

票据业务中的各个环节本就环环相扣，而这种相互关联的关系在票交所成立后，变得更为密切。在更为市场化、公开化的电票市场上，票据业务的竞争更为激烈，而分散式运营模式下的票据业务成本、业务效率及票据业务创新上都很难适应当下这种新型的竞争环境。

（一）成本问题成为限制票据贴现业务发展的瓶颈性问题

公司业务条线的业务成本来自银行的自有资金，然而，对于许多中小银行而言，自有资金成本长期与票据贴现利率倒挂，限制了多数银行票据业务的发展。截至2021年2月20日，1年期贷款基准利率（LPR）连续11个月维持在3.85%，而2020年票据加权平均贴现利率仅为2.98%①，这一贴现利率对于多数中小银行而言，基本难以覆盖自有资金成本。贴现利率远低于贷款利率的主要原因在于以下两方面：一方面，通过票据信用传导特征将强信用主体的信用传导至持票企业，使持票企业融资成本大幅下降；另一方面，票据连通着信贷市场与同业间市场，可通过同业间市场的拆借资金有效降低贴现业务成本。由此，我们发现在基本以银行信用为主的票据市场，票据贴现的定价趋同于同信用主体发行的同业存单价格，而银行的自有资金难以支撑这样的定价逻辑，需要在同业间市场上获取同类定价逻辑的低成本资金，才能匹配贴现业务所需资金，推动贴现业务发展。分散式经营的逻辑下，公司业务条线推动的贴现业务需要获得金融市场条线相关业务部门提供匹配的低成本资

① 资料来源：上海票据交易所，《2020年票据市场发展回顾》，2021年1月19日。

金，若无利益分配的机制，难以让双方协作共赢，成本问题就成为阻碍票据贴现业务发展的主要问题。

(二)贷款业务审批逻辑导致贴现业务效率难以满足企业融资需求

在分散式管理模式下，公司业务条线分管的票据贴现业务往往习惯按照基于企业信用的传统贷款业务审批流程办理，但票据与贷款不同，票据除少量商票外，大多数银票业务是较为标准化、风险较低的业务品种，业务逻辑更倾向于基于同业信用的审批流程，具备快速放款的条件。在激烈的票据竞争市场，票据贴现企业多为中小型企业，具有融资需求小、急、频的特点，简化、高效的业务流程将是票据贴现业务的生命力，若仍然以传统贷款的业务审批逻辑主导经营票据业务，将导致客户流失，难以拓展新的客户群体。

(三)分散式管理难以推动票据业务的创新

票交所成立以来，陆续推出了“贴现通”“票付通”等产品，2020年，票据业务创新更为活跃，先后推出了供应链票据和标准化票据两个创新品种，将企业与同业间市场联系得更为紧密。一般情况下，公司业务条线与金融市场条线分管票据业务的贴现前资产和贴现后资产，而票据业务的创新方向将朝着业务高效、融合的角度发展，通过线上化操作，让产品之间有了组合衔接的可能，让业务可以跨区域、跨市场以达到资源的更优配置。面对这样的票据业务创新，公司业务条线和金融市场条线在推动创新业务时可能存在多头“打架”的情况，甚至双方会因职责划分不清、利润分配不明而消极对待创新，在推动业务时，协调沟通等时间成本也会成倍增加。

二、票据业务一体化经营的必要性

最完整的票据业务一体化经营是对从票据签发开始，直至票据到期全流程的经营活动实行集中管理，这样的经营模式不仅是时代的选择，更多的是客户需求和业务特征的选择。通过一体化的经营，可以解决上述分散经营中的痛点问题，尤其在资金成本上，以经营票据资产的思维支持票据直贴业务发展，有效降低实体企业融资成本，在激烈的票据业务竞争中获得业务机会。

（一）一体化经营有利于引市场活水，降低票据业务成本

一体化经营可以进一步打通企业与同业间市场的融资通道，有助于从同业间市场中引入低成本资金，精准“滴灌”中小微企业的融资需求。票据业务中同业间市场的低成本资金主要来源于票据回购和再贴现两个业务品种。2019年1月1日至2020年2月20日银行间质押式回购利率①隔夜、14天期和1个月期的平均数分别为1.88%、2.28%和2.56%，再贴现利率于2020年7月1日下调25个基点至2.00%，这些票据负债方式的利率都远低于中小银行自有资金的内部资金转移定价（FTP），同时覆盖2020年贴现的加权平均利率2.98%，对于降低中小企业融资成本，精准服务中小微企业意义重大。

（二）一体化经营有利于为客户提供综合性的金融服务，提高客户黏性

票据具有支付结算和融资两大功能。对于开票企业而言，一般为大型核心企业，它们关心的是所开立的票据是否具有较好的流动性，它们甚至关心持票企业是否可以以公允的价格获得融资资金，是否可以通过开票企业配套其他业务的模式让持票企业获得更低的融资成本，以提高整个供应链的利润创造能力；对于持票企业而言，一般为上游的中小型企业，它们关心所持票据是否便于背书转让，包括是否便于开展大票变小票、质押开票、质押变流贷等业务，是否便于变现、成本可控。所有的业务流程，从开票开始就需要一个了解票据市场的专业团队，为企业提供票据业务全生命周期的服务，例如可以根据票据

① 票据回购利率一般以银行间质押式回购利率为锚，上下波动。

市场融资情况建议企业何时开出票据，同时为企业配套多样化的业务品种，满足各类企业的业务需求，这也就是为什么多家银行推出“票据池”服务，为企业充当票据“管家”的角色。

（三）一体化经营有利于避免多头管理，提高创新业务推动效率

一体化经营将会集中上收票据业务的管理权限，实现由一个利益主体或机构主导票据业务的发展，将使推动票据创新业务的效率显著增加。多头管理一直是困扰票据业务发展的难题之一，在日常的管理中就已经出现增加沟通时长、协调各部门利益关系等问题，更加难以推动创新业务的发展。一项创新业务往往需要配套相关管理办法的制定、操作流程的梳理、考核方案的统一等，若以主导票据业务的利益主体或机构推动创新业务，可以统一规划，达到统一标准、整体运营的目的，更好地发挥票据业务各个环节管理职能的合力作用。

三、票据业务一体化经营策略

票据业务一体化经营的精髓在于银行内部统一上收票据业务的管理权限，成立专门的票据业务机构或组成专门的票据业务利益主体，在业务考核和推动上，以同业间市场的业务逻辑为主导，联动公司业务条线发展票据业务。

（一）以创新的组织架构设置实现一体化经营

为实现票据业务一体化经营，最简单直接的办法就是在组织架构上成立一个专门负责票据业务的管理机构，承担票据业务方面的管理、研究、推动等职能，同时为加强总行与分行之间的票据业务联动，在分行还需设立与总行对接的票据业务推动部门或设置专人专岗，形成以总行为轴、分支机构为齿轮的架构形式，将具体的票据业务有效落实至具体机构或个人。但在考核的利益驱动下，公司业务条线可能不愿将票据承兑与贴现业务的管理权限拱手让人，可

能对组织架构的变动造成阻力，这种情况下可以考虑先实行部分集中管理的方式，缓释银行内部的阻力。

（二）以利益相容机制的设计推动业务发展

在考核方面，一是总行分行之间或者总行部门之间可通过考核双算（多算）的方式，建立总分机构之间、条线之间的利益共容机制，共同推动票据业务发展；二是要明确分支机构的考核内容，实时计算并让客户经理可查询自己所属票据业务的经济收益，充分调动分支机构参与票据业务的积极性；三是设置明确的奖励方案，根据参与主体、业务品种的不同，有目的性地设置奖励标准和奖励金额。这些考核的激励措施，对于一体化经营后的业务规模扩大非常重要。

（三）以经营票据资产的逻辑优化资源配置

票据开立后，商业银行应以运营票据资产的逻辑服务对公客户。例如，可从源头寻找潜在贴现客户，以实时转贴市场价格走势提供专业的融资方案。票据贴现后，票据权属自动归属总行，由总行统一运营票据资产，包括办理回购、再贴现、买卖断等业务。通过票据回购业务，运用所持票据从资金市场引入低成本资金，降低票据业务成本，支持直贴业务发展；通过票据再贴现业务，由总行定期对全行票据资产进行甄别与筛选，再统一向当地人民银行进行再贴现业务申报，控制再贴现票据甄别风险的同时，提高业务效率，扩大业务规模；通过买卖断波段交易，一方面直贴业务为转贴业务补充票源，扩充转贴业务规模，另一方面通过加大直贴票据流转，利用票据转贴市场上的价格周期性波动将低成本贴现票据在转贴市场上转出，进一步支持直贴业务发展。

（四）以同业业务逻辑优化银票审批流程

在银票业务风险可控的情况下，可以用低风险业务的审批逻辑来审批票据业务，即在总额度项下，尽可能地简化业务手续，业务范围不仅包括传统的贴现业务，还可以包括创新业务如标准化票据等。另外，在票据业务一体化经营的模式下，可采用集中审查出账的模式，不仅可以进一步优化业务流程和业务审查资料，对于控制业务风险、提高业务效率也具有积极作用。

参考文献

[1] 林耿华，王遥，金苗根，等 . 粤港澳大湾区背景下绿色票据实施路径创新研究 [J]. 南方金融，2020(8):60–70.

[2] 肖小和，陈江伟 . 以事业部制改革推动商业银行票据业务发展 [J]. 新金融，2009(2):37–40.

票据集中管理模式的研究与探索

谢 弛[①]

［摘 要］从宏观、中观和微观层面，全面分析了煤炭企业面临的票据市场新形势，论证煤炭企业开展票据集中管理的必要性和可行性，并总结了票据信息、票据行为、票据权利、票据价值集中等票据管理模式的特点和适用性，提出煤炭企业设计票据管理模式时要根据自身实际情况，把握各类平衡，在票据信息的集中基础上，加强对票据行为的预算管控，择机适时开展贴现—票据交易以降低融资成本，条件具备时最终实现票据池化管理和价值集中。

［关键词］煤炭企业 新形势 票据集中管理模式 票据价值

近年来，煤炭行业票据规模的不断扩张以及票据在煤炭企业经营中的重要性与日俱增，也使煤炭企业对票据管理专业化、集中化程度要求不断上升。从这个角度出发，煤炭企业应积极适应当前形势，把握票据管理主流模式和根本原则，建设符合自身实际情况的票据管理模式，从而实现票据资源优化配置，提升整体资金使用效率和效益。

① 作者简介：谢弛，中煤财务有限责任公司金融服务部经理。

一、我国煤炭企业面临的票据市场新形势

（一）宏观层面：经济形势与行业发展促进票据发展

经济增长在客观上带来了使用票据的需求，票据承兑签发和贴现自带的扩张信用功能反过来也会促进商品、服务的流通和经济的增长，这种票据承兑和贴现与经济增长的正相关关系已被广泛论证，二者相关系数超过了0.8。2019年全年票据业务总量达131.45万亿元，同比增长19.04%，其中票据承兑签发量为20.38万亿元、贴现发生额为12.46万亿元，分别比2001年增长了16倍和6.8倍。同样地，煤炭行业形势的变化也影响了煤炭企业的票据业务发展。近年来，随着煤炭市场形势好转，产品销售收入增加带来的票据结算量稳步增长。以中国中煤能源集团有限公司为例，2015年末应收票据46.08亿元，2019年增长至99.92亿元，4年时间翻了一番。

2020年各项票据业务呈现增长势头，票据市场业务总量148.24万亿元。在实施积极的财政政策和稳健的货币政策环境下，票据作为服务实体经济的有力金融工具，继续取得增长和发展是必然趋势。当前宏观经济形势下，伴随着我国煤炭行业供给侧结构性改革不断深化，煤炭行业经济运行呈现稳中向好的趋势，也将带来煤炭企业票据规模的持续增长。

（二）中观层面：电票时代深刻改变了煤炭企业票据发展方向

票据市场作为我国金融市场的重要组成部分，近年来迎来了蓬勃发展的新时期，尤其是2016年以来中国人民银行陆续出台重磅组合政策，包括强制淘汰纸票的步骤、成立上海票据交易所、放开票据交易市场等，推动票据市场发生翻天覆地的变化，呈现参与主体日趋多元化、票据交易日益活跃、票据创新产品和服务层出不穷等特征。

对于煤炭企业来说，有几个变化影响尤为深远。第一，电票已占到了绝对比重，2018年全年电票承兑发生额和贴现发生额分别占到了94.09%和97.86%。

电票的安全性和便利性优势，使票据在企业中的使用量日益提升，已成为煤炭企业支付结算的重要方式之一，在货款支付和销售回款中的占比不断提升，甚至一些焦煤生产企业在日常生产经营结算中都选择电票。第二，票据融资功能进一步强化，由于电票期限长达1年，又可进入全国统一的票据市场参与交易，成为金融市场上具有较强竞争力的重要品种。加之近年来票据市场利率持续下行，进一步降低了实体经济融资成本，票据也成为企业融资的重要工具，2019年贴现增量在企业贷款增量中占比达到16.77%。第三，票据产品和服务更加丰富，标准化票据、线上清算、“贴现通”、商票信息平台等的陆续推出，进一步提升了票据的支付结算和融资功能。对于煤炭企业来说，应高度重视这些变化趋势，将票据作为方便快捷的支付结算手段和重要的低成本融资渠道加以利用。

（三）微观层面：票据集中管理成为煤炭企业的必然选择

票据是仅次于货币资金流动性的准现金资产，在票据业务呈现资金化态势下，通过票据统一管理和灵活运用而提高企业资金运营效率的需求日益迫切。尤其是煤炭行业位于产业链上游，运费、税费、人工等现金支付比例较高，应付票据规模相对较小，而煤炭企业下游客户主要是电力、钢铁、建材、化工等资金紧缺型行业，从历史地位上看票据结算比例也比较高，加上存在应收账款转化为应收票据的动力，造成煤炭行业应收票据规模较大。根据上市公司2017年中期报告数据显示，煤炭行业应收票据规模超过400亿元，在各行业中排名第一。同时煤炭企业资产负债率普遍不低，一方面需要向商业银行大量融资，另一方面却将大量的票据资源闲置；而且与应收票据相对，同时支付高额的承兑手续费，从而出现应收票据与承兑手续费“双高”的情况，煤炭行业的特色整体导致对票据结算和融资功能使用不充分。因此，各类煤炭企业通过对票据实施集中管理，将会收到良好的效果。

综上所述，宏观经济形势和稳中向好的煤炭经济运行态势，对未来煤炭企业票据发展将起到正面影响，而在票据市场开启了电票新纪元后，全国统一的票据交易市场的建立与发展，也进一步推动了煤炭企业票据结算与融资功能的全面深化。在这一新形势下，煤炭企业开展票据集中管理既切实可行，又势在必行。

二、煤炭企业票据集中管理的几种模式分析

现代意义上的票据集中管理注重挖掘票据业务链条上的每个关键要素或环节，煤炭企业可以根据自身实际情况，通过对票据的不同节点施以管控、加以侧重或者排列组合，从而实现票据资源的优化配置。

（一）票据信息的集中管理

票据管理的首要目标即实现票据信息的集中，而且根据新会计准则的要求，企业也需要建立起票据信息统计机制，解决票据资产的公允估值问题。因此，票据信息的集中管理是煤炭企业票据管理的第一环节，也是财务管理的第一环节。具体要求是，煤炭企业以票据信息为手段，对各所属企业的票据收支情况进行收集并监督管理，通过较低成本掌握票据情况，为票据决策提供基础；所属企业发生票据收支时将相关信息及时传递给资金管理机构（财务部门或财务公司，下同），票据实物仍由各所属企业自行保管。

票据信息的准确程度势必影响票据管理的有效性，实现票据信息的集中管理有赖于强有力的行政手段。尤其是大型煤炭企业，由于管理级次长、单位多、分布散，需通过行政命令避免低效无效的票据信息收集方式，另外还要借助高效的信息系统才能及时、准确、全面掌握票据信息。当前形势下，电票的普及降低了票据信息收集的难度和成本，大大便利了煤炭企业票据信息集中，需根据自身的实际情况，统筹上海票据交易所的电票系统（ECDS）和票据交易系统、集团内部资金管理平台、企业资源计划（ERP）等财务管理系统之间的

关系，采取自建、依托银行或系统第三方的方式建设票据系统。

（二）票据行为的集中管理

票据行为的集中管理关键在于，在不改变票据所有权的前提下，煤炭企业对开票、贴现、背书、票据追索、到期支付与托收等各类票据行为具有管理权限。由资金管理机构具体实施票据行为的控制，这里有两个层面的含义，第一是虚拟层面，通过资金预算等管理制度，建立关于票据业务申请与审批的管理体系；第二是实际层面，各所属企业收到的票据由资金管理机构或者委托商业银行集中保管。

票据行为管理的集中程度较高，所有票据在煤炭企业资金管理机构的统一管理和严格管控下，可实现票据资源的调控，煤炭企业可量入为出对票据收取、支付合理监督，自上而下贯彻执行整体的票据决策并因企施策。在纸票占据主流的时期，采取集中保管的方式面临物理传递风险较高、管理成本较大等问题，因此适用于规模较小、所属企业地域单一的煤炭企业；进入电票时代后，借助信息系统可方便快捷地实现票据的托管，票据行为的集中适用范围大为扩展。

（三）票据权利的集中管理

票据权利的集中管理，指的是煤炭企业将票据视为准货币资金进行上收，通过行政命令要求各所属企业进行票据背书转让，转移票据的所有权。根据转移对象的不同有两种形式：一是背书给企业集团，开展票据业务的各项结算收入进入企业集团账户；二是贴现给财务公司。

票据权利的集中程度极高，因为票据权利归煤炭企业集团或其财务公司所有，有利于统筹开展各种票据业务。但也正因此，所属企业丧失了持有票据背书转让的权利，导致这种方式下背书上收的票据一般以托收为主，如果贴现给财务公司，资金不足时可能采取转贴现或再贴现。因此，“一刀切”将票据上收，没有考虑所属企业实际票据结算和融资需求，票据流动性和灵活性降低，也不利于调动所属企业积极性；而且财务公司贴现规模受信贷规模限制，贴现—票据交易的收益性受资金市场价格波动影响较大，也会影响票据的收益性。这种完全意义上的票据权利集中方式，只适用于高度集权的煤炭企业，具体采用时需要根据企业状况加以调整。

（四）票据价值的集中管理

票据与现金相比承载的是企业（银行）信用，流转时必须以真实贸易为背景，流动性相对受限，所以票据对应的是等值资金的沉淀，从而丧失了该部分时间价值。票据集中管理的最高层次在于激活存量票据的时间价值，通过一定的机制、通道、平台加速存量票据流转，将时间转化为资金价值。

现在煤炭企业主流的做法是建设“票据池”，将持有票据整体或部分质押给商业银行，形成相应的票据额度在所属企业间调剂，用于灵活办理各项表内外授信业务。这种模式的主要好处如下：一是减少资金占用，提高资金使用效率。通过质押额度及内部交易机制，解决收付票据期限和金额错配、持票单位和用票单位不匹配等问题，大幅提升票据流动性和利用率。二是派生存款利息，增加票据收益。通过质押换开这种“短拆长”方式，延迟支付后原有票据的回款将进一步增加收益。但这种模式牵涉合作银行的选择、所属企业之间额度的调剂和建立额度转移计价机制，以及质押额度的利用方式等诸多方面，需要煤炭企业强有力的顶层设计。

三、煤炭企业票据管理模式的思路设计

票据信息、票据行为、票据权利、票据价值体现了票据集中管理模式的演变过程，但这不意味着它们是完全割裂开来、彼此孤立的，也并没有好坏优劣之分，实际上作为票据管理体系的重要组成部分，煤炭企业可以根据实际情

况，综合运用某几种模式及其特质，形成具有自身特色的票据管理模式。具体来说，煤炭企业在设计票据管理模式时要把握3个重要原则、符合3个关键要素，形成具备4个要点的总体思路。

（一）设计票据管理模式的重要原则

1. 兼顾集中和分散的平衡。设计适度集中的票据管理模式，既要避免过于集中影响所属企业的积极性，也要防止过于分散而无法实现票据规模优势，不利于保障企业整体收益。

2. 兼顾结算属性和融资属性的平衡。应严守《票据法》的规定，“票据的签发、取得和转让，应当遵循诚实信用的原则，具有真实的交易关系和债权债务关系”，正确处理持有票据对外支付和应付票据问题；同时灵活运用票据这一短期融资工具，统筹票据签发和贴现，从整体上降低融资成本。

3. 兼顾流动性和收益性的平衡。将票据管理纳入流动性管理，通过预测和计划现金流、管理头寸和波动性，并提供短期的融资支持，满足任意时点的流动性需求，增强票据流动的均衡性与有效性；优化配置票据资源，提高票据资产的收益，实现资源配置的盈利性和效益性。

（二）设计票据集中管理模式的关键因素

1. 企业目标与诉求。煤炭企业票据运行特点决定了票据集中管理的目标各有侧重：其一，若主要想实现对票据资产收入支出的计划和控制，优先考虑票据行为集中。其二，需要充分利用商业汇票承兑、贴现以及转贴现的途径创造更多有利的融资方式，则适用票据权利集中。其三，为了降低保有的无收益资产的占用量，提高资金使用效率，可通过票据价值的集中实现上述目的。

2. 企业票据规模及管理难度。企业规模、票据规模对票据集中管理的成效有着直接的影响。一般情况下，煤炭企业规模越大、票据规模越大、管理层级化越明显，由此带来票据管理程度越复杂，则越适用于票据管理的高级阶段，越趋向于票据价值集中。

3. 企业管控模式和文化。作为企业管理的重要组成部分，票据管理与企业管理模式一脉相承。煤炭企业管控力度越强，则集中程度越高的票据管理方式越容易取得较好的效果。

（三）煤炭企业票据管理的总体思路

首先，实现票据信息的集中。不管哪一类型的煤炭企业，也不管采用何种票据管理模式，都离不开对票据信息的掌握。煤炭企业应避免票据“信息孤岛”，通过建立科学高效的票据信息收集方式，详细了解所属企业应收、应付票据总量、期限、规模等信息，并及时掌握票据的流量流向，全面把控所属企业资金收付计划。例如，陕煤集团2017年开始由其财务公司进行票据集中管理，截至2017年第一季度末，已有174家所属单位开立票据集中管理账户；信息集中管理65亿元，其中应收商业票据信息集中管理30亿元，应付票据35亿元。票据市场新形势进一步提升了票据信息的集中可行性和必要性，煤炭企业更要做好系统保障工作，根据自身实际情况将票据信息平台融入核心系统，做到实时管理、在线管理、统一标准、规范操作，通过先进的信息化手段，提高煤炭企业票据资源的高效利用和有效监控。

其次，通过预算建立对票据行为的集中。单体煤炭企业管理层级少，应收和应付票据规模可能都不高，而且上下游客户关系相对稳定，票据结算交易也较为简单，可考虑票据行为的集中模式，对票据实行托管。例如，开滦集团对票据管理分为两个层面：对于资金管理结算中心开户单位收到的票据采取集中管理的方式，各开户单位将收到的票据送交资金结算中心统一管理；非结算中心开户单位收取的票据采取分散管理方式，由各单位自行管理。但对于所有的煤炭企业来说，为了更好地发挥票据管理的统筹作用，关键是加强票据各类行为的集中管控，制定业务规则；将票据纳入日常资金预算管理，建立票据使用的申请和审批机制；资金管理机构可及时调整所属企业既定的票据使用需求和计划，对其票据业务预算申请执行严格审批审查，从而增大资金管控力度。

再次，择机开展票据权利的集中。一些企业在发展初期或者关键阶段，曾经采取票据统一背书给企业的高度集中方式，或者部分具有强管控能力的企业可采取票据权利的集中管理。但是对于一般的煤炭企业，需要畅通财务公司贴现—票据交易渠道，当所属企业有资金需求时将票据贴现给财务公司，财务公司资金不足时再办理转贴现或者再贴现。而且如果所属企业贷款成本高于贴现成本，直接到商业银行贴现成本又高于财务公司办理转贴现的成本时，此种集中方式可解决资金缺口并双层次降低融资成本。因此，煤炭企业需要在测量盈亏平衡点的基础上，择机开展票据贴现—票据交易模式，这种补充流动资金的方式在煤炭行业处于下行形势时尤为重要。

最后，条件具备时推行票据价值的集中。随着煤炭企业跨区域、层级化发展趋势越来越明显，大型煤炭企业集团建设“票据池”成为当前票据管理的主要方向。例如，冀中能源、同煤集团、昊华能源等煤炭企业，均在近几年实现了票据的池化管理。现阶段煤炭企业票据管理将最终进入对票据价值的集中，通过与1~2家银行合作，将闲置票据资产质押入池并生成融资额度，额度可在成员单位间调剂使用，实现票据资源的内部优化配置，解决收付票据期限和金额错配、持票单位和用票单位不匹配等问题；而且额度可用于开立新票、低成本融资等各项表内外融资业务，有利于实现“去杠杆、降成本”的目的。对于成熟的煤炭企业来说，需要进一步克服制度障碍，完善系统建设，真正通过票据管理实现票据价值的最优平衡。

参考文献

[1] 肖小和，张蕾，王亮．适应新常态加强票据业务全面风险管理 [J]. 杭州金融研修学院学报，2015(11):52−55.

[2] 上海票据交易所．2019 年票据市场运行情况 [EB/OL]. [2021−07−19]. www.shcpe.com.cn/content/shcpe/index.html.

[3] 上海票据交易所 . 2020 年票据市场运行情况 [EB/OL]. [2021-07-19]. www.shcpe.com.cn/content/shcpe/index.html.

[4] 曾一村 . 票据业务的资金化运作趋势分析及建议 [J]. 中国货币市场，2011(7):26-29.

[5] 玉明 . 财务公司对集团票据管理的模式选择 [J]. 财经界，2010(23):199.

[6] 陈璐 . 陕煤集团票据集中管理初见成效 [N/OL]. (2017-04-18) [2021-07-19]. www.shccig-ebank.com/index.php/single/2486.

[7] 董养利 . 企业“票据池”模式研究——以开滦集团为例 [J]. 会计之友，2014(22):52-53.

国际经验

巴塞尔协议Ⅲ最终方案修订概要

上海票据交易所　编译

［摘　要］ 巴塞尔协议Ⅲ是巴塞尔银行监管委员会应对国际金融危机的核心举措，旨在纠正危机前商业银行监管框架的缺陷，为银行体系的稳健运行和更好服务实体经济提供监管基础。2010年，巴塞尔协议Ⅲ初步框架正式公布，确定了以资本充足率、杠杆率、流动性为核心的国际监管标准。此后，巴塞尔银行监管委员会进一步调整原有框架，以平衡简单性、可比性和风险敏感性为原则，重新构建风险加权资产计量规则，并于2017年底发布了巴塞尔协议Ⅲ最终方案，确立了银行业监管的新标杆。

［关键词］ 巴塞尔协议　风险计量

巴塞尔协议Ⅲ（以下简称巴Ⅲ）改革初始阶段着重于加强监管框架的以下部分：一是提高银行监管资本的质量，以一级资本充足率（CET1）的形式增加对吸收亏损资本的关注。二是提高资本要求，确保银行有足够的韧性，从而能承担压力时期的损失。三是通过修订风险加权资本框架中已被证明不准确的领域而增强风险捕捉能力，包括市场风险、交易对手信用风险和资产证券化的全球标准。四是通过以下方式将宏观审慎因素加入监管框架：引入在经济良好时期积累并可在经济下行时期使用的资本缓冲，以降低顺周期影响；建立大额风险敞口相关制度，以降低由于金融机构之间的联系和风险敞口集中引起的系统性风险；为解决系统重要性银行的外部性问题设立资本缓冲。五是设定最低杠杆率要求以限制银行系统的超额杠杆，并作为风险加权资本要求的补充。六是通过引入流动性覆盖率（LCR）和净稳定资金比率（NSFR），缓解流动性风险过度和期限转换问题。

巴Ⅲ最终方案对上述举措进行了补充，旨在通过下列方式提高风险加权资产计算的权威性和银行间资本充足率的可比性：一是提高信用风险、信用估值调整（CVA）风险和操作风险标准法的稳健性和风险敏感性。二是限制银行对内部模型法的使用：对信用风险内部评级法下用于计算资本要求的输入项进行限制，并取消CVA和操作风险内部模型法的使用。三是引入杠杆率缓冲，以进一步限制全球系统重要性银行的杠杆率。四是根据修订后巴Ⅲ的标准法，用更稳健的风险敏感整体底线（Output Floor）替代巴塞尔协议Ⅱ（以下简称巴Ⅱ）的整体底线。

一、信用风险——标准法

信用风险是银行风险承担行为和监管资本的主要部分。标准法应用于全球绝大多数银行，包括非巴塞尔银行监管委员会成员。对信用风险标准法的修订具有三方面特点：一是更加细化和风险敏感，例如，巴Ⅱ的标准法为所有住宅抵押贷款分配统一的风险权重，而在巴Ⅲ修订后的标准法中，抵押贷款风险权重取决于贷款价值比（LTV）。二是降低对信用评级的机械依赖：通过要求银行必须开展尽职调查，以及为不能或不希望依赖外部信用评级的成员开发足够细化的不基于评级的方法。三是为修订后的内部模型法资本要求整体底线和相关披露提供了基础，以增强各银行之间的可比性和恢复公平竞争环境。

信用风险标准法的具体修订内容总结于表1，主要如下：一是为未评级银行和公司风险敞口，以及允许使用信用评级的地区的评级风险敞口开发出更细化的方法。二是关于银行风险敞口，将评级风险敞口的某些风险权重进行了重新校准；未评级风险敞口的风险加权处理比现有固定风险权重更细化；引入了对资产担保债券（Covered Bond）的独立处理。三是关于公司风险敞口，开发了更细化的查询表；特定风险权重适用于中小型企业风险敞口；对项目融资、物品融资和商品融资风险敞口进行独立处理。四是关于居住用房地产风险敞口，开发了对风险更敏感的方法，风险权重根据抵押贷款LTV比率的变化，而非现行单一风险权重，从而更好地反映市场结构差异。五是关于零售风险敞口，采用更细化的处理方法以区分不同类型的零售风险。六是关于商用房地产风险敞口，开发了比固定风险权重更风险敏感的方法。七是关于次级债和股票风险敞口，相对于当前的固定风险权重，采用了更细化的风险权重处理。八是关于表外项目，用于确定风险加权资产的信用转换系数（CCF）对风险更加敏感，如为无条件撤销承诺引入正CCF。

表1　修订后的信用风险标准法

银行风险敞口						
允许将外部评级用于监管目的的国家（或地区）的风险权重						
交易对手外部评级	AAA级~AA-级	A+级~A-级	BBB+级~BBB-级	BB+级~B-级	B-级以下	未评级
“基础”风险权重	20%	30%	50%	100%	150%	下见SCRA
短期风险敞口的风险权重	20%	20%	20%	50%	150%	下见SCRA

允许将外部评级用于监管目的的国家（或地区），银行对其未评级的银行风险敞口的风险权重			
交易对手信用风险评估（标准化信用风险评估方法SCRA）	A级	B级	C级
“基础”风险权重	40%①	75%	150%
短期风险敞口的风险权重	20%	50%	150%

担保债券风险敞口				
已评级担保债券风险敞口权重				
担保债券的发行评级	AAA级~AA-级	A+级~BBB-级	BB+级~B-级	B-级以下
“基础”风险权重	10%	20%	50%	100%

续表

未评级担保债券风险敞口权重							
发行银行风险权重	20%	30%	40%	50%	75%	100%	150%
“基础”风险权重	10%	15%	20%	25%	35%	50%	100%

一般公司风险敞口						
允许将外部评级用于监管目的的国家（或地区）						
交易对手外部评级	AAA级~AA-级	A+级~A-级	BBB+级~BBB-级	BB+级~B-级	B-级以下	未评级
“基础”风险权重	20%	50%	75%	100%	150%	100%

不允许将外部评级用于监管目的的国家（或地区）		
交易对手信用风险评估（标准化信用风险评估方法SCRA）	投资级	其他
一般企业（非中小企业）	65%	100%
中小企业	85%	

项目融资，物品融资和商品融资风险敞口		
风险敞口（房地产除外）	项目融资	物品融资和商品融资
允许将外部评级用于监管目的的国家（或地区）	和一般公司相同（见上）	
没有外部发行债项评级或在不允许将外部评级用于监管目的的国家（或地区）	运营前阶段130% 运营阶段100% 运营阶段（优质）80%	100%

零售风险敞口（不包括房地产）				
	监管零售（非循环信贷）	监管零售（循环信贷）		其他零售
		合格“交易者”	循环信贷者（Revolvers）	
基础风险权重	75%	45%	75%	100%

以居住用房地产为抵押的风险敞口							
贷款价值比（LTV）	50%以下	50%~60%	60%~70%	70%~80%	80%~90%	90%~100%	100%以上	不符合条件
还款不实质性依赖于居住用房地产所产生的现金流								
整体贷款方法（Whole Loan）	20%	25%	30%		40%	50%	70%	交易对手的风险权重
贷款拆分方法[2]（Loan-splitting）	20%	交易对手的风险权重						交易对手的风险权重
还款实质性依赖于居住用房地产所产生的现金流（IPRRE）								
整体贷款方法	30%	35%	45%		60%	75%	105%	150%

续表

以商用房地产（CRE）为抵押的风险敞口				
还款不实质性依赖于商用房地产所产生的现金流				
还款实质性依赖于商用房地产所产生的现金流（IPCRE）				
整体贷款法	LTV≤60%	60%<LTV≤80%	LTV>80%	不符合条件
	70%	90%	110%	150%

整体贷款法	LTV≤60%	LTV>60%	不符合条件
	Min（60%，交易对手的风险权重）	交易对手的风险权重	交易对手的风险权重
贷款拆分法②	LTV≤55%	LTV>55%	不符合条件
	Min（60%，交易对手的风险权重）	交易对手的风险权重	交易对手的风险权重

土地收购、开发和建设（ADC）风险敞口	
向公司贷款SPV	150%
居住用ADC贷款	100%

次级债和股权（不包括扣除额）				
	次级债和除股权以外的其他资本工具	获得国家法定计划重大补贴，并受到政府监督和“限制”的股权投资	“投机性非上市股权”	所有其他股权风险
风险权重	150%	100%	400%	250%

表外项目通过信用转换系数转换为等值表内信用风险敞口					
	可无条件撤销的承诺	除可无条件撤销外的承诺	票据发行便利、循环认购便利和与交易相关的或有项目	与商品流通相关的短期自偿性信用证	直接的信用替代工具和其他表外项目
信用转换系数	10%	40%	50%	20%	100%

注：①根据SCRA，如果交易对手银行的CET1比率达到或超过14%，且一级杠杆率达到或超过5%，同时交易对手银行必须满足A级所有要求，则没有外部信用评级的银行风险敞口的风险权重可为30%。
②在贷款拆分方法下，各国（或地区）可对最多不超过房地产价值55%的风险敞口采用监管规定的风险权重，对其余风险敞口采用交易对手风险权重。在不满足标准的情况下，交易对手的风险权重作为该类风险敞口的风险权重。

二、信用风险——内部评级（IRB）法

金融危机凸显了信用风险内部评级法等内部模型法的诸多缺陷，如过于复杂、资本要求缺乏可比性、某些资产类别的模型缺乏稳健性等。因此，巴塞尔

银行监管委员会对IRB法进行了以下修订：取消对某些资产类别使用高级IRB法（A-IRB）；对违约概率（PD）和违约损失率（LGD）等指标采用输入底线，确保使用IRB法资产的模型参数具有最低限度的保守性；提供更多参数估计方法，以减少风险加权资产的变动性。

（一）取消对某些资产类别使用高级IRB法

高级IRB法允许银行自行估算违约概率、违约损失率、违约风险敞口（EAD）和期限，修订后的IRB框架不允许无法以稳健和审慎方式建模的资产类别使用高级IRB法，包括对大中型公司的风险敞口、对银行和其他金融机构的风险敞口。因此，获得监管部门批准的银行将使用初级IRB法（F-IRB），该方法删除了风险加权资产变动的两个重要来源，因其对LGD和EAD参数使用固定值。此外，对于股权资产大类，不允许采用IRB法。

表2　不同资产适用的IRB法对比

投资组合/风险	巴塞尔协议Ⅱ：适用方法	巴塞尔协议Ⅲ：适用方法
大中型公司（合并收入＞5亿欧元）	高级IRB法，初级IRB法，标准法	初级IRB法，标准法
银行及其他金融机构	高级IRB法，初级IRB法，标准法	初级IRB法，标准法
股权	各种内部评级法	标准法
专业贷款	高级IRB法，初级IRB法，标准法，分期付款	高级IRB法，初级IRB法，标准法，分期付款

注：关于专业贷款，将允许银行继续使用高级IRB法和初级IRB法。

（二）输入参数底线

修订后的IRB框架还为银行自行估算的、用于计算风险加权资产的IRB参数引入底线，包括用于F-IRB和A-IRB法的PD底线，以及用于A-IRB法的LGD和EAD底线。

表3　修订后的IRB框架中的参数底线

<table>
<tr><th colspan="2" rowspan="2">风险敞口类型/违约参数</th><th rowspan="2">违约概率（PD）</th><th colspan="2">违约损失率（LGD）</th><th rowspan="2">违约风险敞口（EAD）</th></tr>
<tr><th>无担保</th><th>有担保</th></tr>
<tr><td colspan="2">公司风险敞口</td><td>5个基点</td><td>25%</td><td>按照抵质押品类型不同：
金融质押品0%
应收账款10%
商用或居住用房地产10%
其他实物抵质押品15%</td><td rowspan="5">EAD应不小于以下两项之和：（1）资产负债表上的风险；（2）用适用的标准法信用转换因子（CCF）转换表外风险敞口的50%</td></tr>
<tr><td rowspan="4">零售风险敞口</td><td>个人住房抵押贷款</td><td>5个基点</td><td>不适用</td><td>5%</td></tr>
<tr><td>合格循环零售风险敞口（交易者）</td><td>5个基点</td><td>50%</td><td>不适用</td></tr>
<tr><td>合格循环零售风险敞口（循环信用）</td><td>10个基点</td><td>50%</td><td>不适用</td></tr>
<tr><td>其他零售风险敞口</td><td>5个基点</td><td>30%</td><td>按照抵质押品类型不同：
金融质押品0%
应收账款10%
商用或居住用房地产10%
其他实物抵质押品15%</td></tr>
</table>

注：LGD和EAD底线仅适用于A-IRB法。EAD底线适用于仍允许EAD建模的风险敞口。对有担保部分的LGD底线适用于风险敞口被全额覆盖的情况（采用折扣系数调整后的抵质押品价值超过风险敞口价值）。对于部分覆盖的风险敞口，LGD底线采用未覆盖部分LGD底线和全覆盖部分LGD底线的加权平均值。

（三）其他改进

对F-IRB法监管指定参数进行的调整，一是对于以非金融抵押品为担保的风险敞口，增加抵押品折价率并降低LGD参数；二是对于无抵押风险敞口，将非金融企业风险敞口的LGD参数从45%降低至40%。

此外，考虑到对IRB框架的改进和整体底线的引入，删除了信用风险IRB法中应用于风险加权资产的1.06比例因子。

三、信用估值调整（CVA）风险框架

由于交易对手信用下降，巴Ⅲ初步框架对衍生工具潜在的市值损失引入了资本要求。信用估值调整（CVA）风险是国际金融危机期间银行损失的主要

来源，在某些情况下超过了直接违约造成的损失。CVA框架的修订目标，一是增强CVA风险敏感性。当前的CVA框架未涵盖一项重要的CVA风险驱动因素，即CVA的风险敞口部分，其与适用CVA风险资本要求的交易的价格直接相关。由于该价格对市场风险因素的变化敏感，所以CVA实际上也依赖市场风险因素。修订后的CVA框架考虑了CVA的风险敞口部分及其相关对冲。二是增强稳健性。CVA是一种复杂的风险，通常比银行交易账簿中大多数头寸都要复杂。因此，巴塞尔银行监管委员会认为银行无法以稳健和审慎的方式来为这种风险建模。修订后的框架取消了内部建模方法的使用，包括标准法和基础法。此外，非集中清算衍生工具名义金额合计低于或等于1000亿欧元的银行可选择直接将交易对手信用风险资本要求的100%作为其CVA资本要求金额。三是提高一致性。CVA风险是一种市场风险，因衍生品交易对手风险敞口的市值改变而产生。因此，CVA框架标准法和基础法与修订后的市场风险框架使用的方法一致。

四、操作风险框架

金融危机凸显了现有操作风险框架的两个主要缺陷。其一，对操作风险的资本要求不足以弥补部分银行的操作风险损失。其二，这些损失（包括行为不当、系统和控制不足等）的性质凸显了使用内部模型估算操作风险资本要求的困难。巴塞尔银行监管委员会简化了操作风险框架。用于计算操作风险资本要求（基于银行内部模型）的高级计量法（AMA）和现行3种标准法都将被风险敏感的标准法所取代。新标准法根据银行的收入和历史损失确定其操作风险资本要求，并且假设，一是操作风险随着银行收入增加而加速上升，二是历史上经历过越严重操作风险损失的银行在未来越有可能遇到操作风险损失。

操作风险最低资本要求＝BIC（业务指标部分）×ILM（内部损失乘数）

其中，BIC＝$\sum(\alpha_i \cdot BI_i)$。BI（业务指标）是3个组成部分的总和：利息、租

赁和分红部分；服务部分；金融部分。α_i是一组BI的边际系数，取值取决于i（i=1，2，3），如表4所示。

表4　操作风险资本要求业务指标参数

i	BI	BI边际系数（α_i）
1	≤10亿欧元	0.12
2	10亿欧元<BI≤300亿欧元	0.15
3	>300亿欧元	0.18

ILM（内部损失乘数）是BIC和损失部分（LC）的函数，后者等于过去10年操作风险损失算术平均值的15倍。ILM随LC/BIC比率的增加而增加，但增速降低。

各国监管机构可自主决定将辖内所有银行的内部损失函数（ILM）统一设定为1。此时，资本要求将完全由BIC确定，即资本要求与银行的历史操作风险损失无关。但是为了提高可比性，即使在ILM设置为1的成员中，银行也必须披露其历史操作风险损失。

五、杠杆率框架

（一）全球系统重要性银行杠杆率缓冲

杠杆率要求对不可持续的杠杆率水平进行了控制，同时缓解了内部模型法、标准法中的博弈风险和模型风险，是对风险加权资本要求的补充。为保持风险敏感的资本充足要求与杠杆率要求的对应关系，全球系统重要性银行（G-SIBs）还必须满足杠杆率缓冲要求，以降低G-SIBs的外部性。

全球系统重要性银行必须用一级资本满足杠杆率缓冲要求。全球系统重要性银行的杠杆率缓冲要求为风险敏感性资本要求中更高损失吸收能力要求的50%。例如，若某家全球系统重要性银行适用的更高损失吸收能力要求为2%，其杠杆率缓冲要求则为1%。

杠杆率缓冲要求的设计方式与风险敏感性资本框架中的资本缓冲要求一致，因此杠杆率缓冲要求也划分为五档。未能满足杠杆率缓冲要求的全球系统重要性银行，将被限制分配资本。

对全球系统重要性银行实施的资本分配限制取决于其核心一级资本充足率和杠杆率。满足以下条件的全球系统重要性银行不受最低资本留存要求限制：核心一级资本充足率要求（4.5%的最低要求、2.5%的储备资本、全球系统重要性银行的更高损失吸收能力要求）、杠杆率要求（3%的杠杆率最低要求和全球系统重要性银行杠杆率缓冲要求）。如果某家G-SIB不满足上述任一要求，则需满足相应的最低资本留存要求。如果某家G-SIB上述两项要求均不满足，则需满足风险敏感性资本要求和杠杆率要求中较高的最低资本留存要求。

举例说明，表5展示了适用于第一档更高损失吸收能力要求的全球系统重要性银行（适用于1%的全球系统重要性银行附加资本缓冲），其核心一级资本充足率和杠杆率对应的最低资本留存要求。

表5　1%风险加权缓冲和0.5%杠杆率缓冲的G-SIB资本留存比率

核心一级资本充足率	杠杆率	最低资本留存比率（未分配利润的百分比）
4.5%~5.375%	3%~3.125%	100%
5.375%~6.25%	3.125%~3.25%	80%
6.25%~7.125%	3.25%~3.375%	60%
7.125%~8%	3.375%~3.50%	40%
>8.0%	>3.50%	0

（二）完善杠杆率风险敞口计量

除了采用G-SIB杠杆率缓冲外，巴塞尔银行监管委员会还对杠杆率风险敞口计量的定义进行各种改进。这些改进包括修改衍生品的风险敞口计量，以及更新表外项目风险敞口计量办法，使其与信用风险标准法保持一致。

在特殊的宏观经济条件下，监管机构可允许银行暂时免于将存放中央银行款项计入杠杆率风险敞口。为使杠杆率的约束力保持在相同水平上，监管机构在行使该自由裁量权时，应提高杠杆率最低要求，以抵销免除存放中央银行款项的影响并要求银行披露此项豁免对其杠杆率的影响。

六、整体底线

巴Ⅲ整体底线（Output Floor）的改革，以修订后的巴Ⅲ标准法为基础取代了现行巴Ⅱ底线。与原底线保持一致的是，新底线对使用内部模型法相对于使用标准法可得到的监管资本收益进行了限制。从效果上来看，整体底线限制了银行降低资本要求的程度，同时有助于使用内部模型和使用标准法的银行之间形成公平竞争。它还提高了银行风险加权的资本充足率计算的可信度，并通过相关披露提高可比性。

银行的风险加权资产必须选择下述计算结果的较大值：采用符合巴塞尔协议要求，并经监管机构批准的方法（包括标准法和内部模型法）计算的风险加权资产；仅使用标准法计算的风险加权资产的72.5%。

计算整体底线的标准法如下：对于信用风险，使用标准法计量。银行在处理信用风险缓释时，无论使用简单法，还是使用折扣系数的综合法，都应按账面价值进行计算。对于交易对手信用风险，银行在计算衍生工具风险敞口时，必须使用标准法计算交易对手信用风险。该风险敞口在计算时，须乘以标准法下相关交易对手的风险权重。对于信用估值调整风险，可使用标准法、基础法或银行交易对手信用风险资本要求的100%（取决于银行用何种方法计算信用估值调整风险）。对于资产证券化，可使用外部评级法、标准法或1250%风险权重。对于市场风险，使用标准法计量市场风险。其中，交易账簿的资产证券化信用违约风险应使用外部评级法、标准法或1250%风险权重。对于操作风险，使用标准法计量操作风险。

此外，还将要求银行根据修订后的标准法披露其风险加权资产。有关这些披露要求的详细信息在即将发布的咨询文件中阐明。

七、过渡期安排

过渡期内，监管机构可以通过行使自由裁量权，对由于实施整体底线导致的银行风险加权资产总量的快速增长设置上限。该上限为银行未实施整体底线时风险加权资产总量的25%。即如果监管机构行使自由裁量权，则银行的风险加权资产总量将在此期间被有效限制在内部计算的风险加权资产总量的1.25倍之内。该上限将适用于整体底线的过渡期（该上限将于2027年1月1日取消）。

表6　巴塞尔协议Ⅲ危机后改革逐步调整整体底线的实施日期和过渡期安排

修订	实施日期
修订后的信用风险标准法	2022年1月1日
修订后的内部评级（IRB）法	2022年1月1日
修订后的信用估值调整（CVA）风险框架	2022年1月1日
修订后的操作风险框架	2022年1月1日
修订后的市场风险框架	2022年1月1日①
杠杆率	现有的风险敞口定义②：2018年1月1日 修订后的风险敞口定义：2022年1月1日 全球系统重要性银行缓冲：2022年1月1日
整体底线	2022年1月1日:50% 2023年1月1日:55% 2024年1月1日:60% 2025年1月1日:65% 2026年1月1日:70% 2027年1月1日:72.5%

注：①这将构成2016年1月发布的修订后的市场风险框架的实施日期和监管报告日期。
②基于2014年1月对杠杆率风险敞口计量的定义。在2022年1月1日之前，成员国可以不受约束地应用修订后的风险敞口计量定义。

国际金融动态

上海票据交易所　编译

BIS：《疫情危机后的金融体系风险和央行应对》

我们需要从这次疫情危机中吸取教训，首先是已知的挑战。2007—2009年国际金融危机后的改革将风险从银行体系剥离，然而非银行金融机构却逐渐填补了这部分风险，本次疫情危机暴露出了非银行金融业自身的及支持其发展的市场架构的结构性缺陷。国际金融危机后，随着非银行金融机构数量的增加——占全球金融中介总量的近50%，以及银行为节约资产负债表空间而退出某些金融活动，上述缺陷变得越发显著。在疫情危机的最初几周，资本市场的交易匹配和价格发现机制大范围失灵，市场对现金、现金等价物和短期资产的需求激增，各国央行不得不进行干预，以确保金融稳定。过去几年，一些大型科技公司以直接或与金融机构合作的方式进入了信贷市场，而在疫情促进数字支付、科技公司积累消费者数据的背景下，数字贷款可能增长。然而，这又会带来金融稳定、竞争和数据保护之间复杂的权衡。目前，国际清算银行（BIS）正围绕六大主题引导各国央行应对数字化创新，一是监管科技；二是下一代金融市场基础设施，包括数字化基础设施、资产代币化、跨境支付和支付基础设施；三是央行数字货币；四是开放式金融，包括开放银行环境下的API和相关数据问题；五是网络安全；六是绿色金融。

资料来源：*The Financial System After COVID-19*（www.bis.org）。

巴塞尔银行监管委员会：《巴塞尔协议Ⅲ实施评估报告》

为评估巴塞尔协议Ⅲ（以下简称巴Ⅲ）对银行的影响，巴塞尔银行监管委员会每半年评估一次改革进展。本评估报告基于截至2019年12月31日的评估数据，覆盖173家银行，其中105家是活跃于国际的大型银行（第一组），68家是其他银行（第二组）。主要评估结果如下：一是在巴Ⅲ初步方案下，与前一评估期（截至2019年6月底）相比，第一组的平均核心一级资本充足率从12.8%提升至13.0%，第二组从14.8%提升至15.2%。二是在巴Ⅲ最终方案下，第一组的资本总缺口下降至107亿欧元。三是根据2022年总损失吸收能力（TLAC）最低要求和巴Ⅲ初步方案，披露了TLAC数据的23家全球系统重要性银行无一存在资本缺口；但若采用巴Ⅲ最终方案，则有1家银行存在19亿欧元的资本缺口。四是第一组的平均流动性覆盖率（LCR）从136.2%增长至138.2%，而平均净稳定融资比例（NSFR）仅从116.4%略微增长至117.2%；第二组的LCR与NSFR也有所提升。五是第一组的核心一级资本充足率从2019年6月的12.8%上升至2019年12月的12.9%，一级资本充足率也增长了0.1%，资本充足率则提高了0.2%，增长至17.0%。六是在巴Ⅲ最终方案下，第一组和全球系统重要性银行的平均一级资本杠杆率均为6.0%，第二组为5.3%。七是在巴Ⅲ最终方案下，第一组的平均杠杆率增长至6.2%。

资料来源：*Basel III Monitoring Report*（www.bis.org）。

ASIFMA：《亚太地区LIBOR过渡情况调查》

亚洲证券业与金融市场协会（ASIFMA）近期对亚太地区LIBOR过渡期准备情况开展调查，发现了四项在2021年底前需要关注的问题：一是缺乏一致性，即在不同地区之间、不同资产类别之间缺乏统一标准；二是存量合同过渡的相关问题，包括新的无风险利率产品缺乏流动性、客户认知不足、对LIBOR挂钩产品的持续需求等；三是诉讼与行为风险，包括与不同类型客户的LIBOR过渡相关的诉讼风险，以及新的无风险利率产品监管措施不确定性等；四是地方性利率，某些地方性利率并未在ISDA主协议等行业性文件中列出，且缺乏过渡节点相关信息。

资料来源：*ASIFMA IBOR Transition Readiness Survey Results and Action Plan*（www.asifma.org）。

ASIFMA：《亚太地区可持续金融发展的数据挑战》

东亚的可持续金融发展落后于其他地区，仅5%的资产管理资金被投资于可持续发展相关项目，而北美的这一比例达到了30%。当然，这种情况正在改善，如日本政府养老基金和三菱东京日联银行广泛采用了ESG（环境、社会、公司治理）标准，而中国和新加坡等也正在扩大可持续金融市场。最大的区域性气候投资需求在亚洲，预计未来30年将达到66万亿美元，超过了将气温升高控制在1.5摄氏度内这一计划所需全球投资额的一半，这是由亚洲经济的规模与增速、持续增长的人口、加快的城市化进程以及迅速的工业化进程所驱动的。然而，亚洲ESG投资的未来增长与数据紧密相关，包括数据的可用性、可访问性、可靠性与可比性。企业和投资者目前处于较混乱的数据环境中，信息披露框架、激励机制、数据收集方式、公共及私营部门在不同市场及地区中进行的外部评估等均存在差别。56%的受访者认为“数据的不一致”是发展可持续金融最大的挑战，尤其是对于“环境”“社会”“公司治理”的度量缺乏统一标准。同时，企业信息披露质量不一，各ESG指标不仅在不同行业、不同市场之间存在差异，甚至在同一行业的不同企业间也有区别，并且数据提供商采用的方法及指标间也存在兼容性问题。

资料来源：*Data Challenges and Opportunities for ESG and Sustainable Finance in Asia Pacific*（www.asifma.org）。

FCI：《在贸易融资框架下重构应收账款融资》

应收账款与买卖双方企业之间的交易、支付和结算紧密相关，金融机构作为第三方，只有充分了解买卖双方，才不会成为最易遭受损失的一方。目前市场上大多数应收账款融资模式不能提供关于买卖双方的充足信息，属于伪贸易融资，本质其实是贷款。若金融机构仅将其当作纯粹的贷款业务开展倒也无妨，但伪贸易融资往往会给金融机构造成虚假认知，从而被不法分子利用。贷款业务像是在陆地上行驶，贸易融资则像是在海上航行，不仅要注意海面上显露的冰山一角（KYC，了解你的客户），而且还需要探测海面下冰山的形状（KYCC，了解你的客户的客户）。为降低伪贸易融资的潜在风险，必须在贸易融资的框架下重构应收账款融资模式，除了管理客户风险，也要管理交易对手风险；不仅要对买卖双方有充分的了解，同时也要对交易本身具备足够的认识。

资料来源：*Fraud in Receivables Finance*（www.fci.nl）。

FCI：《小企业信用风险的评估与监测》

在应收账款融资/保理、供应链金融中，中小企业信用风险问题一直是个难点。在评估中小企业信用风险时，金融机构往往更关注负面的部分，从而容易将其拒之门外。不过，我们不仅要看到中小企业的缺点，还应当看到其优点：风险敞口较小，在投资组合中能较好地分散风险，业务线单一，经营灵活。做好中小企业信用风险的评估与管理的建议，一是不宜采用传统风险评估方式。资产负债表信息并不能充分反映中小企业的实际财务状况，其评估结果将导致拒绝向中小企业提供授信，或是仅满足中小企业信贷需求的一小部分。建议将金融因素与非金融因素综合起来建立风险评估模型，非金融因素如中小企业的知识产权、管理经验、专有技术、行业证书、贸易伙伴、市场潜力以及成立时间等，应给予非金融因素至少50%的权重。二是应通过数字化方式收集和分析贸易相关数据，并实时监测中小企业风险水平，如订单金额和频率及其方差、发票金额与方差、库存水平和周转率及其方差、应收应付的匹配性及其方差、现金流入与流出、纳税额、物流单证与运输情况跟踪等。

资料来源：*Application of Digital Data on SME Credit Risk Underwriting and Monitoring*（www.fci.nl）。

OECD：《疫情对中小企业融资的影响》

全球许多地区的银行贷款业务出现了停滞，替代性融资工具也受到疫情的严重影响，天使投资、贸易融资等中小企业融资来源可能面临枯竭。融资工具多样性的降低不利于中小企业获得所需资金。各国央行和政府已采取规模空前的货币和财政政策，其中许多旨在帮助有实力但缺乏流动性的企业避免破产。疫情危机很可能继续一段时间，然而持续以目前的规模提供流动性支持将会引发一些风险。为降低风险，虽然前期的流动性支持政策对所有遭受影响的中小企业开放，但接下来的几轮支持可能针对性地向确有实力的公司提供，在资金用途上也可能附带条件。此外，由于许多中小企业通过承担更多债务来应对收入下降，当前的流动性问题可能导致偿付能力危机，因此在2021年破产数量将会激增。疫情危机也显出数字化的重要性，促使政策制定者更加注重降低中小企业与大型公司在数字技术应用水平方面的差距。

资料来源：*Financing SMEs and Entrepreneurs: An OECD Scoreboard*（www.oecd.org）。

ICMA：《疫情危机期间欧洲商业票据和货币基金市场震荡原因分析》

2020年3月和4月的金融市场震荡以及与此相关的“钱荒”和短期资金市场“冻结”，导致即便是高评级企业也难以通过发行商业票据（CP）争取到短期融资，同时货币基金等CP市场投资者也难以在二级市场获得流动性，CP市场因而成为关注焦点。为及时恢复市场信心和为短期资金市场“解冻”，多家央行迅速介入，将资产购买计划扩展至特定商业票据。货币基金方面，部分基金遭受了资金外流，这是由现金需求、“逃向安全资产”行为和监管约束共同推动的。不过，本次遭遇大量资金外流的货币基金均履行了赎回义务。央行对货币市场的干预以及监管部门的救助措施缓解了市场的资金压力，确保了基金赎回的冲击得到有序处理。虽然企业和货币基金平安度过了本轮市场震荡，但该事件反映出当前短期资金市场的结构、流动性和弹性还存在问题。

资料来源：*The European Commercial Paper Market Reimagined*（www.icmagroup.org）。

FSB:《全球非银行金融中介监测报告》

疫情冲击凸显了从金融稳定角度对非银行金融中介（NBFI）的发展进行监测的重要性。NBFI提供了有价值的融资途径，促进了信贷提供者多元化和竞争，但2020年3月的市场震荡也暴露出一些问题，如NBFI能够直接地或通过与金融体系其他部分的联系而间接地放大冲击。过去10年，以养老基金、保险公司为代表的NBFI的增长速度超过了银行业，其资产规模在2019年占全球金融体系的49.5%，而在2008年这一比例为42%。与发达经济体相比，新兴市场经济体中NBFI的相对规模增长更快，尤其是依赖短期融资的非银机构的贷款发放量。NBFI增长的驱动因素之一是对冲基金、货币基金等集体投资工具（CIV）的扩张，其在2019年占NBFI总资产的31%，并在较大程度上促成了整个行业的增长。2013—2019年，CIV资产规模的年均增速达到11%。

资料来源：*Global Monitoring Report on Non-Bank Financial Intermediation*（www.fsb.org）。

IFC:《供应链金融中的科技和数字化》

供应链金融指利用供应链上买卖双方间的信息和关系，提高供应链参与者融资效率、降低融资成本的一系列金融产品。20世纪90年代和21世纪初，多种供应链金融工具在美国和欧洲兴起。与此同时，电子数据交换、互联网等开始与大型企业的资源规划系统建立联系，使数据积累和高级分析技术成为可能，并且移动网络和终端设备让小型供应链参与者也能被纳入数字化供应链中。数字化交互使购销行为、供应商表现、存货周转率等更加透明，通过使用这些数字化的、丰富的贸易信息和行为信息，信用风险评估方式可以得到改进。当前，供应链金融领域已出现一些趋势，使更多中小企业能够通过数字化渠道获得金融服务：一是供应链数字化带来的透明度提升。在供应链的每个阶段（订购、跟踪在运货物、生产制造、库存管理与销售），信息增加和透明度提升有力推动了中小企业的供应链金融服务可得性。二是供应链金融平台的规模化。现有的供应链金融平台存在多种形式，有些基于国家授权的电子发票中心，有些则是电子商务平台或独立的金融科技平台。三是预测性金融的发展。在数字化环境中，拥有强大数据分析能力的贷款机构能够更好地对潜在借款对象的表现进行预测，从而在恰当的时间和地点提供融资。

注：IFC（International Finance Corporation，国际金融公司）是世界银行下属机构。
资料来源：*Technology and Digitization in Supply Chain Finance*（www.ifc.org）。

BIS：《全球央行数字货币发展情况调研》

BIS在2020年末向全球60余家央行就其数字货币（CBDC）发展情况进行了调研。调研结果显示，全球大多数央行都在探索CBDC，并且相关工作在疫情期间仍在快速推进。整体而言，各国央行正在迈入CBDC研发的进阶阶段，即从概念研究进展到实际实验。发展中国家央行具有相对更强的研发动力，其金融普惠与支付效率等目标推动着通用型CBDC的发展，如巴哈马推出的全球首个CBDC。一些央行表示很可能在未来3年内发行通用型数字货币，但大多数央行的发行可能性仍较低。由于各国央行对发行CBDC在跨境和经济方面的影响进行了全面评估，加上技术选择和操作复杂性带来的实际挑战，针对CBDC的国际合作在未来几年内将进一步加强。对于加密货币，各国央行仍将其视为小众产品而非支付手段。相反，稳定币的发展受到了密切关注，因为它们有被消费者迅速接纳和使用的潜力。

资料来源：*Ready, Steady, Go? – Results of the Third BIS Survey on Central Bank Digital Currency*（www.bis.org）。

BIS：《央行数字货币对货币体系的影响分析》

央行数字货币（CBDC）如果设计得当并被广泛采用，将成为针对特定用途和市场失灵的补充性支付手段。除了支付，CBDC还会影响国家金融体系并带来国际性影响。近期，BIS、美联储和其他6家央行提出了发行CBDC的核心原则，其内涵在于：一是发行CBDC的前提条件是不使商业银行被“脱媒”，也不会增加商业银行资金来源的波动性。央行可能采用应对数字化“挤兑”和“脱媒”的工具、对CBDC持有规模设定上限、通过可变利率阻止用户过量持有CBDC等。结构上，预计央行不会成为经济体中主要的储蓄中介。二是只要CBDC根据交易需求进行供给，其对货币政策的影响则有限。理论上，零售型CBDC可以附带利息，进而影响货币政策传导或允许一些发达经济体进一步降低负政策利率。但是，由于CBDC将会作为现金的补充而不是取代，且另一政策目标是限制央行的系统性足迹，所以CBDC对货币政策的影响在实践中可能被抑制。预计CBDC的持有量不会太大，这也意味着央行货币政策工具箱将基本不受影响。三是国际方面。一些国家发行CBDC可能加剧“美元化”威胁，因其使采用其他国家的货币更为容易。

资料来源：*Digital Currencies and the Future of the Monetary System*（www.bis.org）。

英国出版公司：《全球供应链金融报告（2021）》

英国出版公司（BCR）自2015年起每年发布《全球供应链金融报告》，其最新报告总结了2020年供应链金融发展特点和趋势。2020年，全球供应链金融业务量加速增长，供应链金融产品以其低风险等特征受到非银机构投资者的日益关注。

本报告中，供应链金融主要指供应商的发票经大型买方认可后获得银行等资金方融资的安排。供应链金融是贸易融资的一种较新形式，业务量约占整个

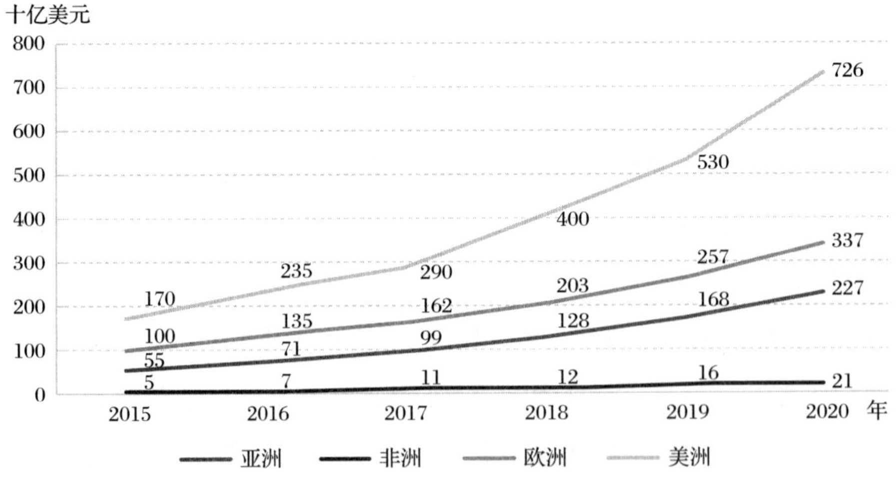

图1　2015—2020年供应链金融业务量

贸易融资的一半。贸易融资工具还包括履约保函、信用证、跟单托收等。据估算，2020年，全球供应链金融业务量同比增长35%，达13110亿美元。其中，美洲地区业务量增长37%，达7260亿美元；亚洲增长35%，达2270亿美元；欧洲增长31%，达3370亿美元。

2007—2008年国际金融危机后的强监管，增加了商业银行开展贸易融资的资本成本与合规成本，导致商业银行减少了收益不足以抵销合规成本的中小企业业务。而这一变化为非银机构投资者创造了机会。贸易融资由于以持续存在交易愿望和需求的买卖双方为基础，且具有期限短、自偿性和多重追索权等降低信用风险的结构特征，历来被视为低风险的常规性业务。尽管非银资本在全球供应链金融中占比仍较低，但供应链金融基金的出现已在推动非银机构投资者进入该市场。由于投资者对产品和相关风险缺乏了解，供应链金融基金刚刚推出时往往增长缓慢，不过这类基金正在得到越来越多的关注。

供应链金融产品成为一种可投资的资产类别主要发生在近10年，期间有多种原因导致非银机构投资者对供应链金融资产的可得性增加，其中最根本的是国际贸易向赊销方式（Open Account Transaction）的转变。贸易关系的成熟和透明度的提高使赊销成为可能，赊销方式放弃了传统贸易融资产品（履约保函、信用证、跟单托收等）提供的风险缓释，而由供应商承担其客户的信用风险。然而，通过贸易融资方案在延期支付期间为卖方提供资金的需求保留了下来，并且越来越多地在供应链金融中被满足。

资料来源：*World Supply Chain Finance Report 2021*（www. bcrpub.com）。

GFMA：《气候融资市场和实体经济报告》

全球金融市场协会（GFMA）发布的《气候融资市场和实体经济报告》提出了加速推进气候融资发展的路线图，明确了金融市场参与者在支持向低碳经济转型过程中应扮演的角色。为达到《巴黎协定》提出的气候目标，气候融资市场体系[①]必须以前所未有的规模、速度和地域广度扩张。

《巴黎协定》提出将全球气温升高限制在工业化前水平的2℃以内，而实现这一目标将需要全球经济的根本性转变。为支持向低碳经济转型，气候融资的规模须在未来30年累计达到100万亿~150万亿美元，意味着平均每年3万亿~5万亿美元的投资额，当前约6000亿美元的气候融资市场规模需在短期内增长至原来的5~8倍。气候融资需求也可能是非线性的——当下如果不采取及时行动，将导致未来投资需求的大幅增加。

气候融资服务实体经济转型需求有五个要点：一是在所有资产类别中增加气候融资的需要。气候融资需通过多种金融工具实现，约35%股权、44%贷款、21%债券。二是气候融资需要全球政府部门的领导。在一些行业中，脱碳化解决方案相较没有碳成本的传统技术，在成本方面缺乏竞争力。政策制定者需要通过制定具有代表性和一致性的碳价格，以及支持脱碳化的激励措施来解决上述问题。三是亚洲拥有全球最大的区域性投资需求，约为66万亿美元。这主要由亚洲经济的规模和增速、不断增长的人口和城市化、高速的工业化所驱动。四是最大的投资需求（约95万亿美元）存在于技术和流程的电气化，以及从化石燃料发电向可再生能源发电的转变。五是气候融资需要多行业合作以应对风险和机遇。电力、钢铁、化工、水泥、航空、航运、公路运输、农业和建筑等行业约占到全球温室气体排放量的75%，这些行业的脱碳化将需要新商业模式的开发、投资和跨行业合作。

资料来源：*Climate Finance Markets and the Real Economy*（www.gfma.org）。

美联储：《疫情冲击反映出金融市场脆弱性》

2020年3月，疫情冲击使全球金融体系承受了巨大压力，以至于金融管理

① 气候融资指支持向低碳和气候适应性经济转变的融资。气候融资市场体系指金融市场参与者、金融工具、政策和监管制度、金融基础设施，以及其他促进气候融资相关资本市场活动主体所构成的整体。

部门必须采取大规模紧急干预措施。美联储回顾总结了此次金融市场冲击，认为其凸显了金融体系的结构性问题，尤其是具有系统重要性的短期资金市场的脆弱性。

2020年3月初，因为意识到疫情将扰乱整个全球经济，投资者情绪发生了急剧变化，迅速转向现金和最安全、流动性最强的金融资产，进而导致了“钱荒”，即便是美国国债也遭到抛售，短期资金市场严重承压。具有结构性融资风险的金融中介和金融工具承受了更为明显的压力，尤其是货币基金，净赎回额一度达到总资产的30%。货币基金进而迅速减持商业票据（CP），造成企业的短期融资供应量大幅下降，成本剧增。短期资金市场停止运转会使企业失去维持经营的基本资金，进而危及企业生存。为防范企业大面积倒闭和裁员风险，美联储采取了多项措施，包括在2020年3月17日、18日先后推出商业票据融资便利机制、货币市场共同基金流动性便利。在启用这些工具之后，货币基金的赎回立即放缓，短期资金市场的其他压力也开始缓解。

疫情冲击还显示出其他支持当日赎回但投资于低流动性资产的投资工具的结构性弱点，如债券基金在2020年3月的赎回量达到前所未有的2500亿美元，远超2007—2009年国际金融危机期间的任何时点。而基金资产的紧急出售又引起债券市场流动性急剧恶化，导致美联储不得不采取额外措施进行干预。

资料来源：*Some Preliminary Financial Stability Lessons from the COVID-19 Shock*（www.federalreserve.gov）。

票据市场运行数据

2021年1月–7月商业汇票业务数据

（上海票据交易所）

单位：亿元

时间	承兑发生额		贴现发生额		转贴现发生额		质押式回购发生额	买断式回购发生额	承兑余额		贴现余额	
	银票	商票	银票	商票	银票	商票			银票	商票	银票	商票
2021年1月	19550.41	4184.04	12033.51	1438.22	36567.35	4882.15	19673.28	1223.98	120891.33	23541.31	81256.78	7578.56
2021年2月	11336.27	3173.17	6308.70	1007.90	23056.08	2047.99	11699.40	835.47	118427.23	24710.73	78267.13	8017.86
2021年3月	19724.14	3247.87	14045.19	1349.62	41124.69	4432.01	19917.30	1650.01	116488.05	24391.48	76626.08	8277.51
2021年4月	16828.83	2884.86	11411.14	886.91	41877.87	4950.60	20255.79	1382.73	117028.83	24481.84	76820.97	8327.19
2021年5月	16239.80	2625.19	11405.18	842.36	37259.65	4532.36	18241.49	1224.69	117633.16	24124.94	77693.47	8368.29
2021年6月	19738.74	3494.74	13967.32	1162.99	35821.01	4418.80	19338.64	1567.91	120154.05	23254.60	80806.07	8516.56
2021年7月	15108.35	2586.27	10184.35	788.11	35547.49	3881.69	21776.91	1974.87	119488.38	22546.23	81134.36	8397.98